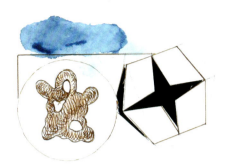

Nader Ahriman
Etudes of Transcendental
Homelessness

Nader Ahriman
Etüden transzendentaler
Obdachlosigkeit

Marcus Steinweg
Touching the Nameless

Marcus Steinweg
Berührung des Namenlosen

Salon Verlag

## - atque perlata ‹hisce› humeris tuli maxima divum [1] -

# "Etudes of Transcendental Homelessness"
## Nader Ahriman

The subject (the experimental set-up) that transforms soul/psyche into thinking spirit via three stages — consciousness, self-consciousness and reason (Hegel, *Phenomenology of Spirit*).

## Description of the experimental set-up

### 1  Showing (act of will)
**1.1**  Outward showing
Outward showing is supposed to recognize the outer structure of reality.
**1.2**  Inward showing
Inward showing is supposed to recognize the inner structure of reality. It has a connection with sensuous certainty (with consciousness).
The relation between the thinker and reality in the world from which he proceeds is a dialectical relationship; it is circular.
**1.3**  Mystical showing
Mystical showing seeks its path via mystical experience, not via language (postulate of practical reason) but via mystical aesthetics, solid geometry, mathematics of plastic shapes.

### 2  Consciousness
Components of consciousness
**2.1**  Sensuous certainty
As an additional component, the experimental set-up is supplied with sensuousness in the here and now via vegetable matter.
**2.2**  Attentiveness
**2.3**  Perception
**2.4**  Experience
**2.5**  The motoric centre
The four components of consciousness are transformed in the motoric centre under the effects of objective and subjective spirit into psychic substance.

---

[1] "...and I have borne on my shoulders the highest of the gods" (verse on the wall of S. Prisca in Rome)

### 3 The fine tongue

The psychic substance flows into the fine tongue, the seat of

3.1 aesthetics, ethics and technology,
3.2 intuition and
3.3 the transformer with its
3.3.1 power of imagination and
3.3.2 stored images (contents of memory)

On the fine tongue, the psychic substance is interpreted and systematized. The result is lumen naturale and ethereal light.

### 4 The three eyes

4.1 Oculus carnis — the carnal eye

The lumen naturale enters the carnal (sensuous) eye and passes the filter of sensuousness, which has an amorphous shape.

4.2 Oculus rationis — the rational eye

On the next level, the light is enriched with rationality in the rational eye.

4.3 Oculus contemplationis — the contemplative eye

The highest level, the eye of contemplation, contains elements of the two preceding eyes; a contemplative light arises.

### 5 The limit

At the limit, light which has passed the three eyes encounters the mystical showing (act of will). The irregular, ethereal substance is enriched by practical reason and abstraction. The metaphysical light (lumen supranaturale) arises in the process of transnaturalization. The metaphysical light is projected onto the screen of the bright night of nothingness.[2]

The limit is supposed to give material shape to the transformation of matter (body and soul, flesh and spirit) and to meaning (of end-production). In art this is manifested in colour and form (energy and movement).

### 6 The end-product

The end-product comprises all the forms of appearance of spirit such as reason, function, meaning, history, freedom and visions.

---

2 Labelled "bright night of nothingness" in the drawings.

Das Subjekt (die Versuchanlage), das die Seele und Vernunft in Geist verwandelt.

# die drei Stufen – Bewußtsein, Selbstbewußtsein

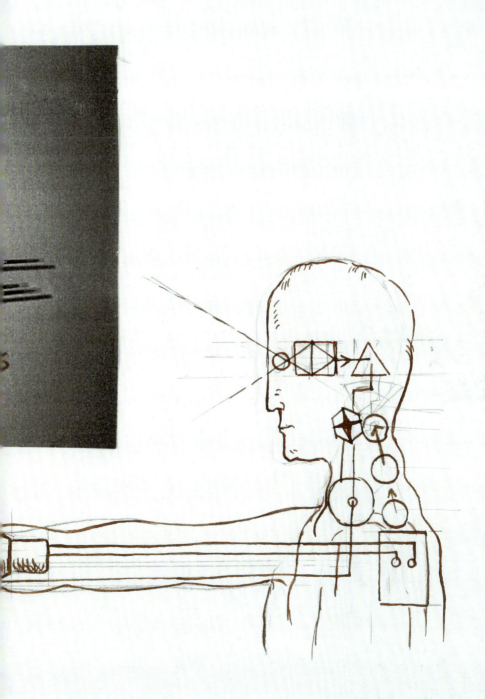

### - atque perlata ‹hisce› humeris tuli maxima divum [1] -

# "Etüden transzendentaler Obdachlosigkeit"

## Nader Ahriman

Das Subjekt (die Versuchsanlage), das Seele über die drei Stufen – Bewußtsein, Selbstbewußtsein und Vernunft – in Geist verwandelt (*Phänomenologie des Geistes*, Hegel).

## Beschreibung der Versuchsanlage

### 1. Das Zeigen (der Willensakt)

**1.1** Das äußere Zeigen
Das äußere Zeigen soll die äußere Struktur der Wirklichkeit erkennen.
**1.2** Das innere Zeigen
Das innere Zeigen soll die innere Struktur der Wirklichkeit erkennen. Es hat Verbindung mit der sinnlichen Gewissheit (dem Bewußtsein). Die Beziehung zwischen dem Denker und der innerweltlichen Realität, von der er ausgeht, ist eine dialektische Beziehung; sie ist kreisförmig.
**1.3** Das mystische Zeigen
Das mystische Zeigen sucht seinen Weg über das mystische Erlebnis, nicht über die Sprache (Postulat der praktischen Vernunft), sondern über die Mystische Ästhetik, Stereometrie, plastische gestalthafte Mathematik.

### 2. Das Bewußtsein

Bestandteile des Bewußtseins
**2.1** Sinnliche Gewißheit
Als zusätzliche Komponente wird der Versuchsanlage über pflanzliche Materie Sinnlichkeit des Diesseits zugeführt.
**2.2** Aufmerksamkeit
**2.3** Wahrnehmung
**2.4** Erfahrung
**2.5** Das motorische Zentrum
Die vier Bestandteile des Bewußtseins verwandeln sich im motorischen Zentrum unter der Einwirkung von objektivem und subjektivem Geist in seelische Substanz.

---

[1] „…und ich habe mit den Schultern das Oberste der Götter getragen" (Vers an der Wand von S. Prisca in Rom)

## 3. Die feine Zunge

Die seelische Substanz fließt in die feine Zunge, dem Sitz von
**3.1**  Ästhetik, Ethik und Technik,
**3.2**  Intuition und
**3.3**  dem Transformator mit
**3.3.1** Einbildungkraft und
**3.3.2** gespeicherten Bildern (Gedächtnisinhalten)
In der feinen Zunge wird die seelische Substanz interpretiert und systematisiert. Das Resultat ist Lumen naturale und ätherisches Licht.

## 4. Die drei Augen

**4.1**  Oculus carnis – das fleischliche Auge
Das Lumen naturale tritt in das fleischliche (sinnliche) Auge ein und passiert den Filter der Sinnlichkeit, der eine amorphe Gestalt hat.
**4.2**  Oculus rationis – das rationale Auge
In der nächsten Stufe wird das Licht im rationalen Auge mit Rationalität angereichert.
**4.3**  Oculus contemplationis – das kontemplative Auge
Die höchste Stufe – das Auge der Kontemplation – enthält Elemente der beiden vorausgehenden Augen; es entsteht kontemplatives Licht.

## 5. Die Grenze

An der Grenze begegnet das Licht, das die drei Augen passiert hat, dem mystischen Zeigen (Willensakt). Die unregelmäßige, ätherische Substanz wird durch praktische Vernunft und Abstraktion angereichert. Es entsteht das metaphysische Licht (Lumen supranaturale) im Prozess der Transnaturalisierung. Das metaphysische Licht wird auf die Projektionsfläche der hellen Nacht des Nichts[2] projiziert.
Die Grenze soll der Verwandlung der Materie (Körper und Seele/Fleisch und Geist) und dem Sinn (der Endproduktion) stoffliche Gestalt verleihen.
In der Kunst äußert sich dies in Farbe und Form (Energie und Bewegung).

## 6. Das Endprodukt

Das Endprodukt umfaßt alle Erscheinungsformen des Geistes wie Vernunft, Funktion, Sinn, Geschichte, Freiheit und Visionen.

---

[2] Auf den Zeichnungen mit „helle Nacht des Nichtes" bezeichnet.

△ — das Zeigen

▢ — die feine Zunge

▭ — das Bewußtsein

◯ — die drei Augen

⬭ — Sinn – Vernunft

1. das Zeigen    2. das Be...

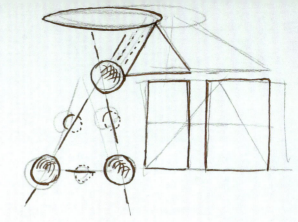

## das motorische Zentrum

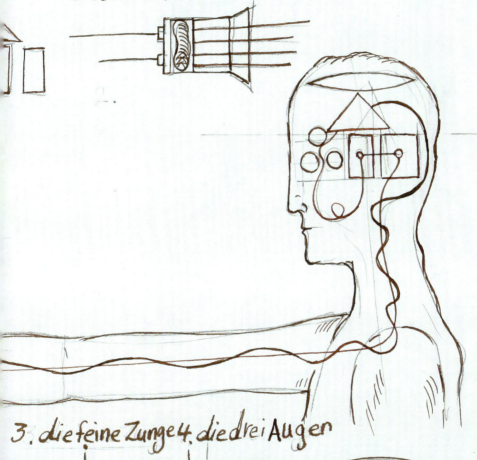

3. die feine Zunge 4. die drei Augen

... Sinn

1.3 des mystische Zeigen

1.2. das innere Zeigen

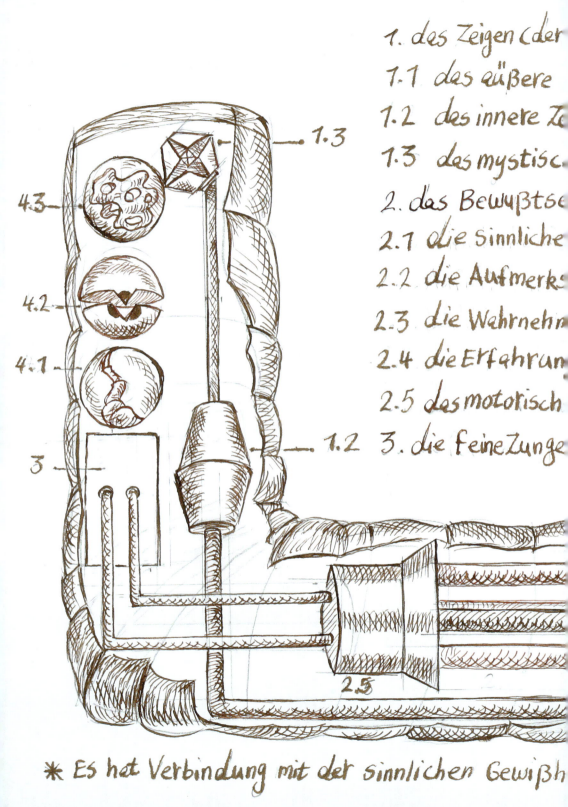

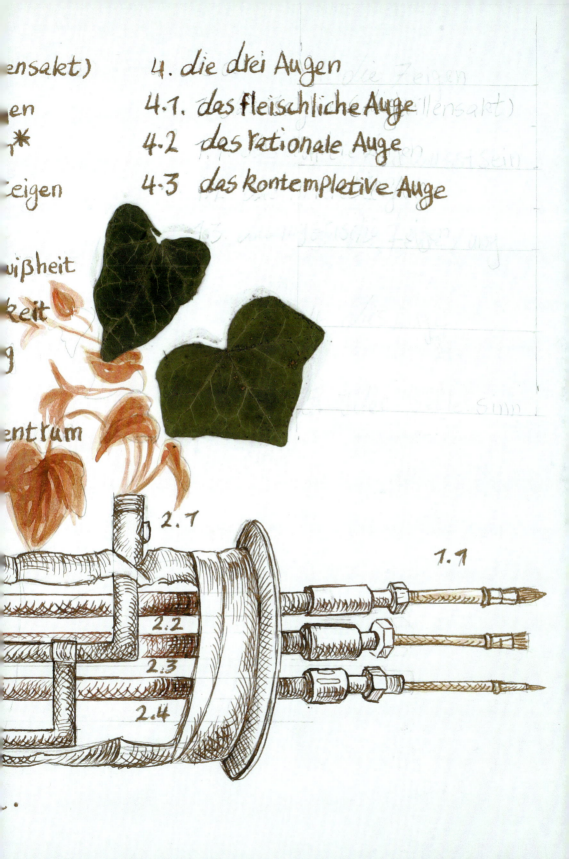

4. die drei Augen
4.1. das fleischliche Auge
4.2 das rationale Auge
4.3 das kontemplative Auge

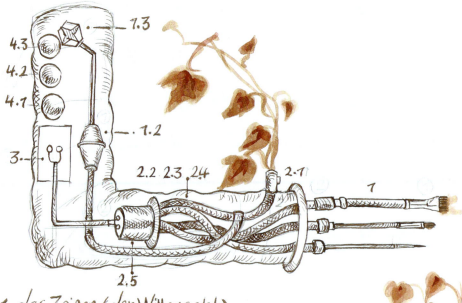

1. das Zeigen (der Willensakt)
1.1. das äußere Zeigen
1.2. das innere Zeigen *
1.3. das mystische Zeigen

2. das Bewußtsein
2.1. die sinnliche Gewißheit
2.2. die Aufmerksamkeit
2.3. die Wahrnehmung
2.4. die Erfahrung
2.5. das motorische Zentrum

3. die feine Zunge

4. die drei Augen
4.1. das fleischliche Auge
4.2. das rationale Auge
4.3. das kontemplative Auge

* Es hat Verbindung mit der sinnlichen Gewißheit.

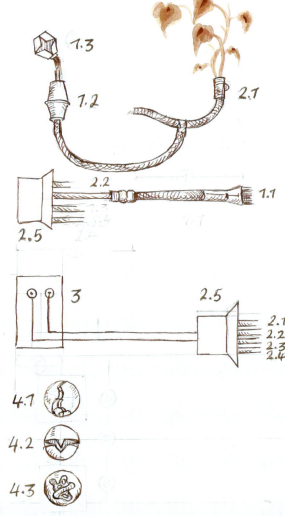

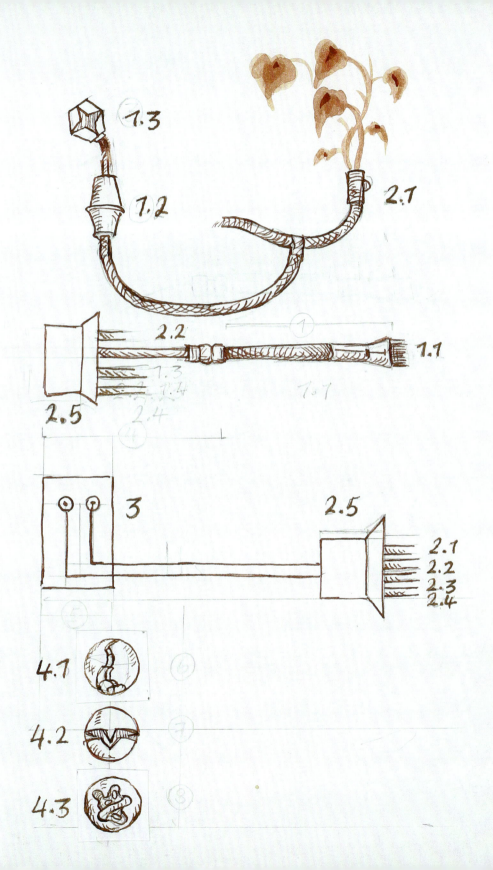

Das äußere Zeigen soll die äußere Struktur der

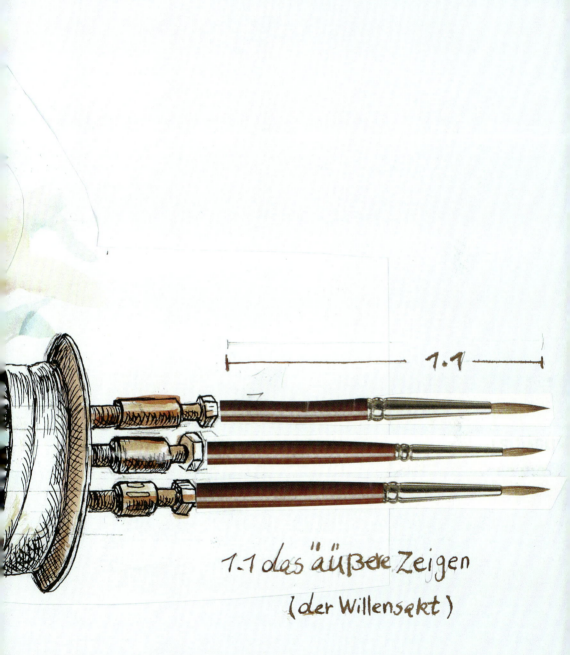

1.1 das "äußere Zeigen
(der Willensakt)

irklichkeit erkennen. äußere Zeigen (der Willensakt)

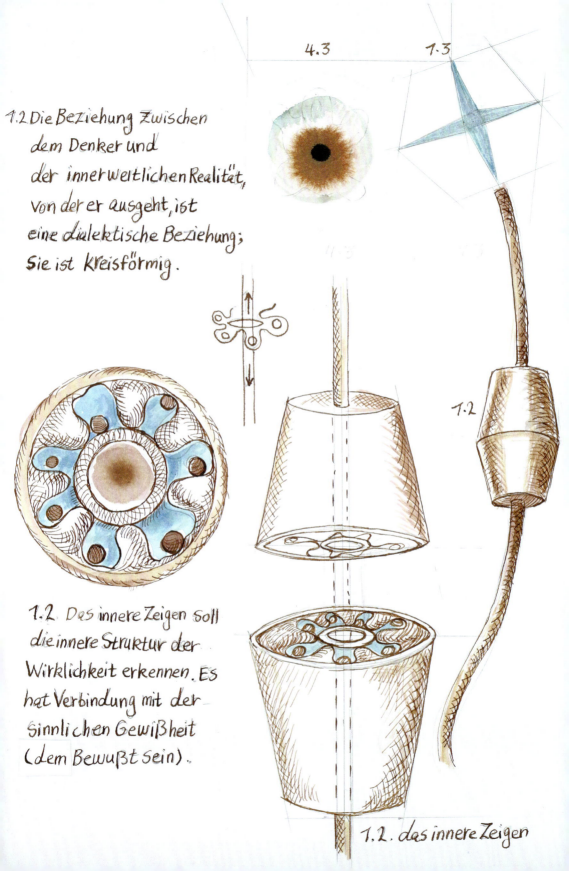

# 1.3. Das mystische Zeigen

Das mystische Zeigen sucht seinen Weg über das mystische Erlebnis, nicht über die Sprache (Postulat der praktischen Vernunft.)

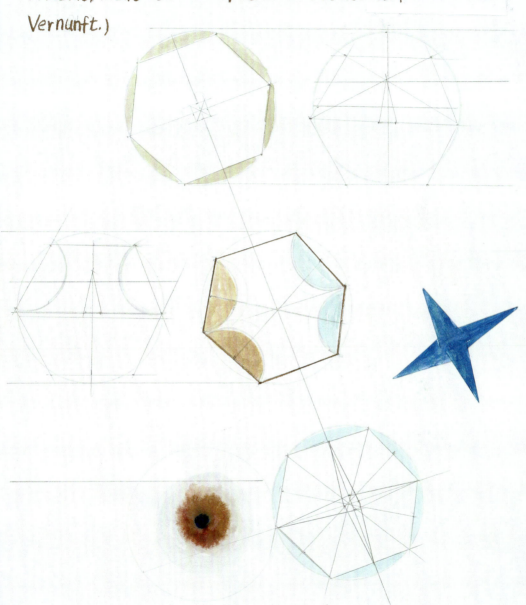

1.3. das mystische Zeigen

(Mystische Ästhetik, Stereometrie, Plastische gestalthafte Mathematik.)

# 2. Das Bewußtsein
## 2.1. Sinnliche Gewißheit

Als zusätzliche Komponente wird der Versuchsanlage über pflanzliche Materie Sinnlichkeit des Dieseits zugeführt.

## 2.2 Aufmerksamkeit
## 2.3 Wahrnehmung
## 2.4 Erfahrung

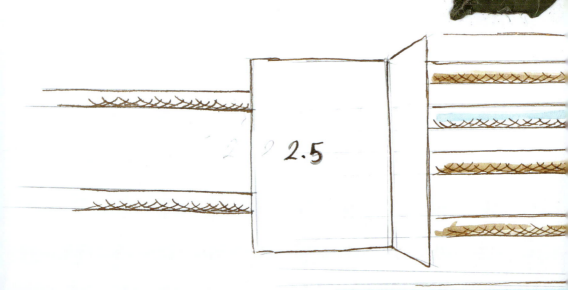

2.1 Sinnliche Gewißheit

2.2 Aufmerksamkeit

2.3 Wahrnehmung

2.4 Erfahrung

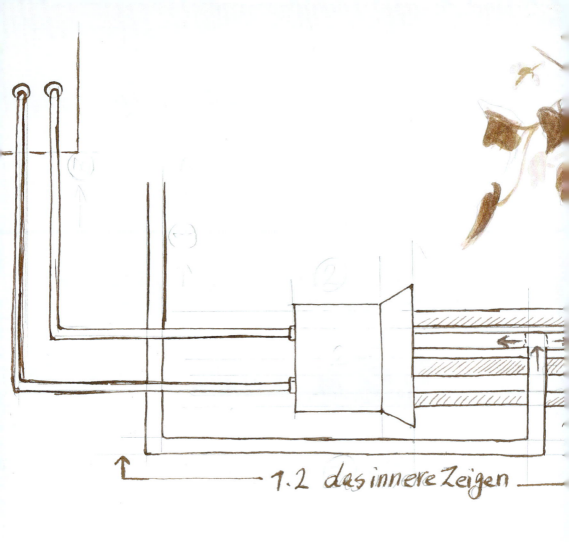

1.2 das innere Zeigen

1.2. Das innere Zeigen soll die innere Struktur d
Es hat Verbindung mit der sinnlichen Gewi
2.1. Die sinnliche Gewißheit : als zusätzliche K
pflanzliche Materie Sinnlichkeit des Diesse

## 2.1 die sinnliche Gewißheit

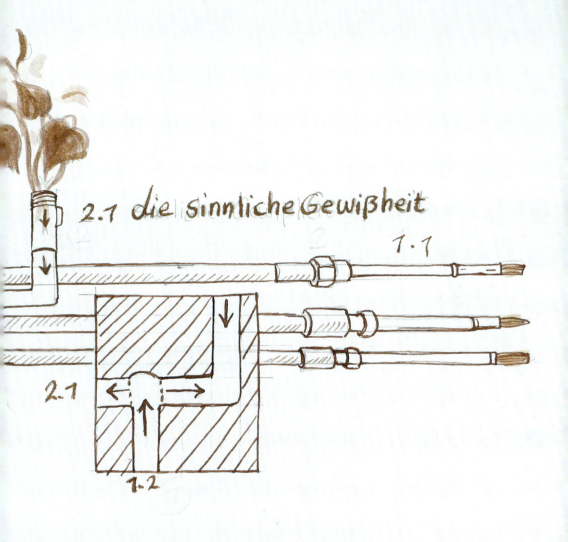

Wirklichkeit erkennen.
eit (dem Bewußtsein).
onente wird der Versuchsanlage über
zugeführt.

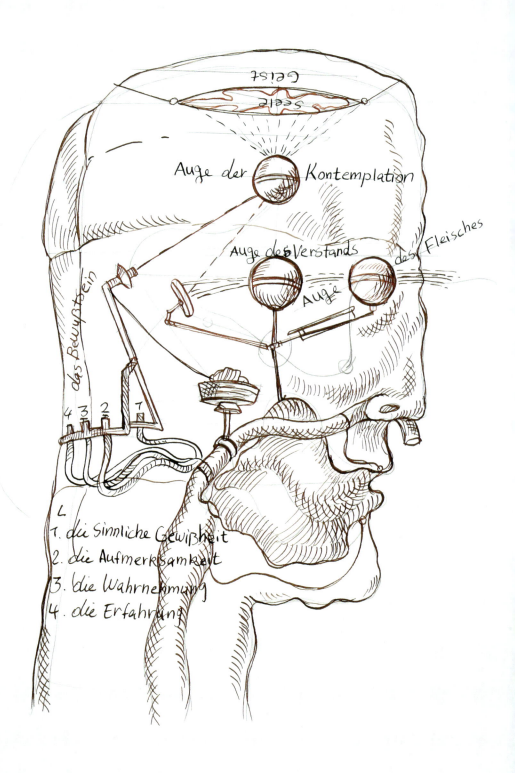

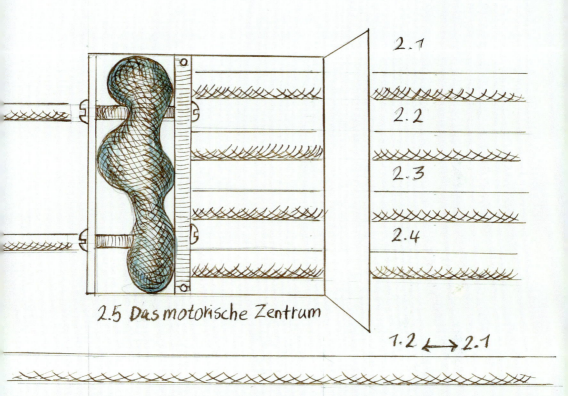

2.5. Das motorische Zentrum
Die vier Bestandteile des Bewußtseins verwandeln sich im motorischen-Zentrum unter der Einwirkung von objektivem und subjektivem Geist in seelische Substanz.

3. Die seelische Substanz fließt in die feine Zunge, dem Sitz von
3.1 Ästhetik, Ethik und Technik
3.2 Intuition
3.3 dem Transformator mit
3.3.1 Einbildungskraft
3.3.2 gespeicherten Bildern (Gedächtnisinhalten)

3 die feine Zung

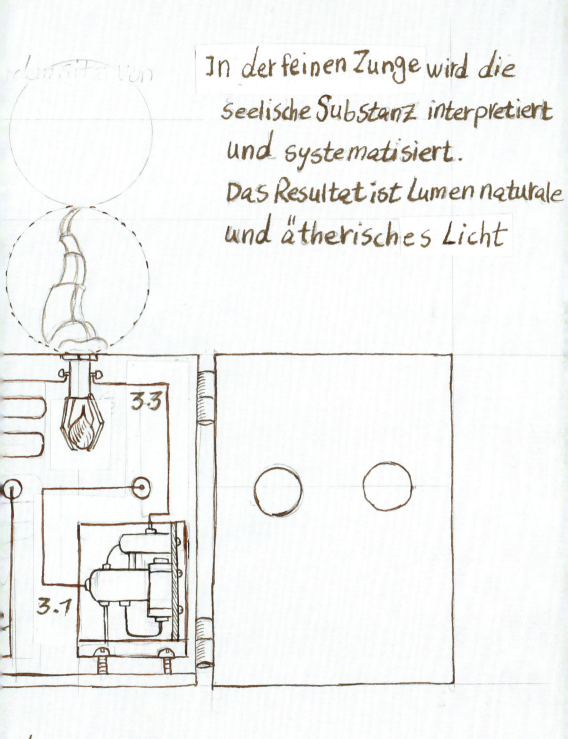

In der feinen Zunge wird die seelische Substanz interpretiert und systematisiert. Das Resultat ist Lumen naturale und ätherisches Licht

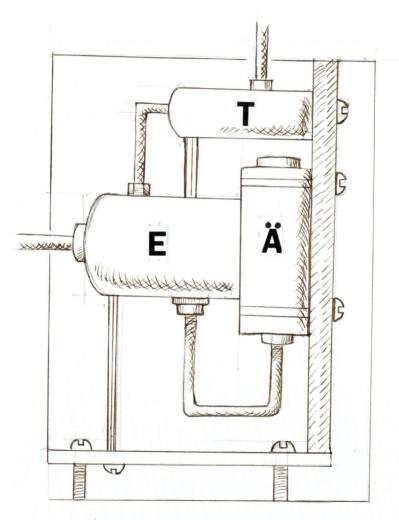

3.1 Ästhetik, Ethik und Technik
(die feine Zunge)

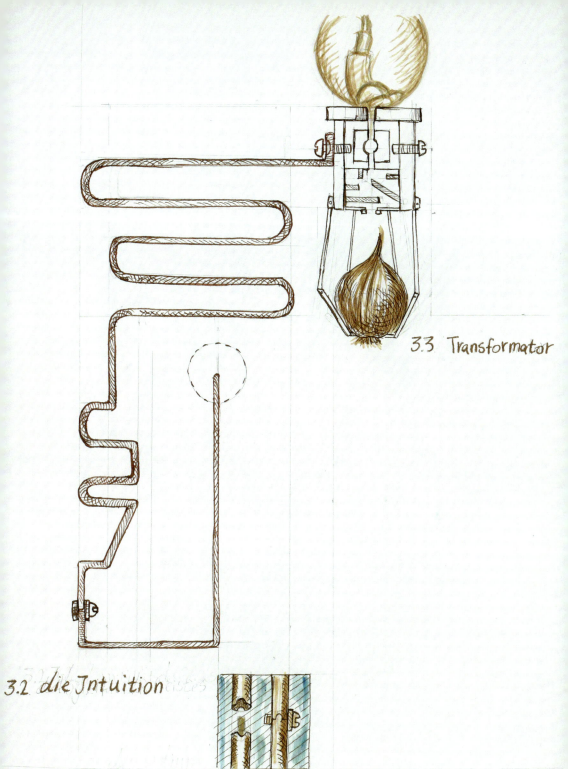

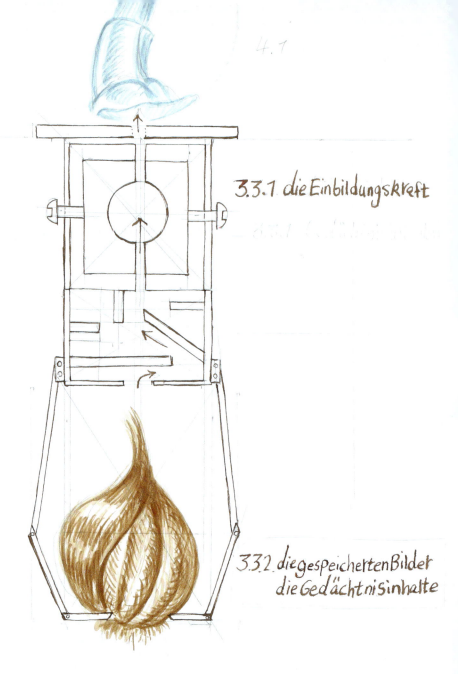

3.3.1 die Einbildungskraft

3.3.2 die gespeicherten Bilder
die Gedächtnisinhalte

3.3  Transformator

4.1 Oculus carnis - das fleischliche Auge

Das Lumen naturale tritt in das Fleischliche (sinnliche) Auge ein und passiert den Filter der Sinnlichkeit, der eine amorphe Gestalt hat.

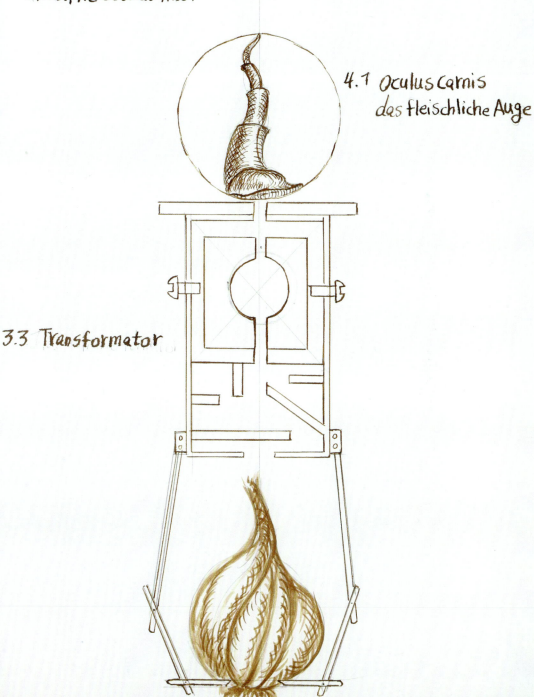

4.1 Oculus carnis
das fleischliche Auge

3.3 Transformator

## 4.2 Oculus rationis – das rationale Auge

In der nächsten Stufe wird des Licht im rationalen Auge mit Rationalität angereichert.

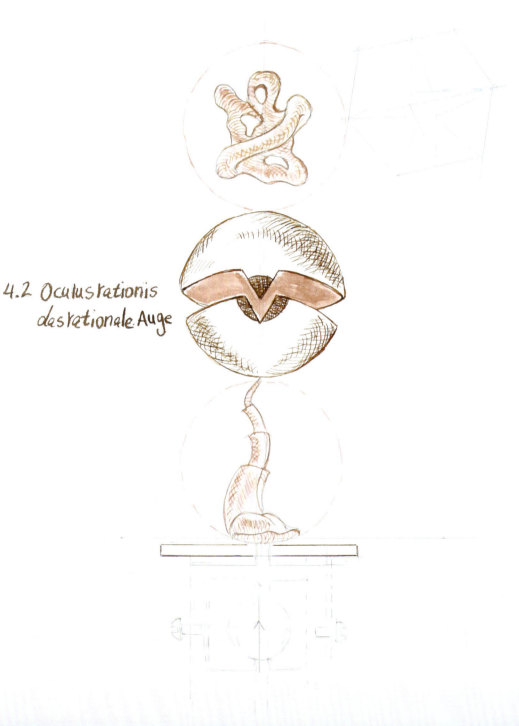

4.2 Oculus rationis
das rationale Auge

## 4.3. Oculus contemplationis – das kontemplative Auge

Die höchste Stufe – das Auge der Kontemplation – erhält Elemente der beiden vorausgehenden Augen; es entsteht kontemplatives Licht.

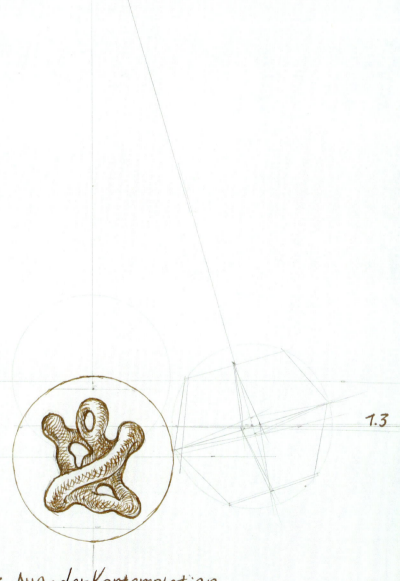

4.3 Auge der Kontemplation

## 5. Die Grenze

An der Grenze begegnet das Licht, das die drei Augen passiert hat, dem mystischen Zeigen (Willensakt). Die unregelmäßige, ätherische Substanz wird durch praktische Vernunft und Abstraktion angereichert. Es entsteht das metaphysische Licht (Lumen supranaturale) im Prozess der Transnaturalisierung.

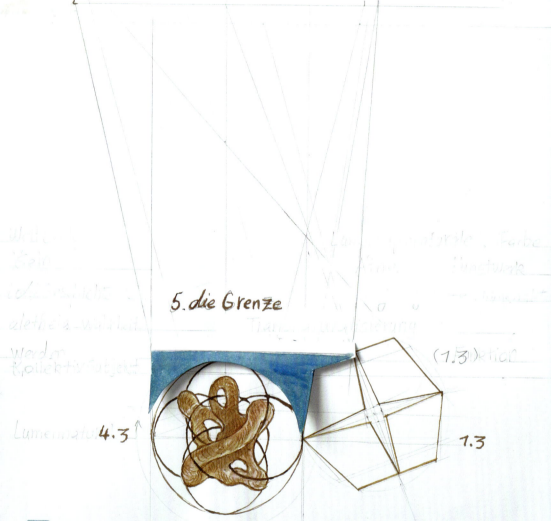

Die Grenze soll die Verwandlung der Materie (Körper und Seele/ Fleisch und Geist) und dem Sinn (der Endproduktion) stoffliche Gestalt verleihen. In der Kunst äußert sich dies in Farbe und Form (Energie und Bewegung).

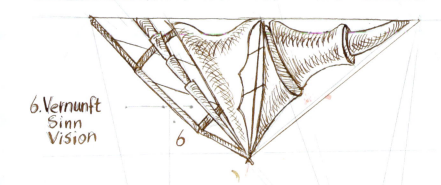

6. Vernunft
Sinn
Vision

6

die helle Nacht des Nichtes

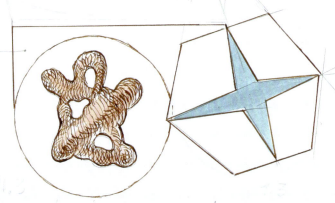

5. die Grenze

4.3
des kontempletive Auge

1.3
das mystische Zeigen

die helle Nacht des Nichtes

6. Vernunft
Sinn
Funktion...
.....

die helle Nacht des Nichtes

5. die Grenze ·———·

4.3
das kontemplative Auge

1.3
des mystische Zeigen

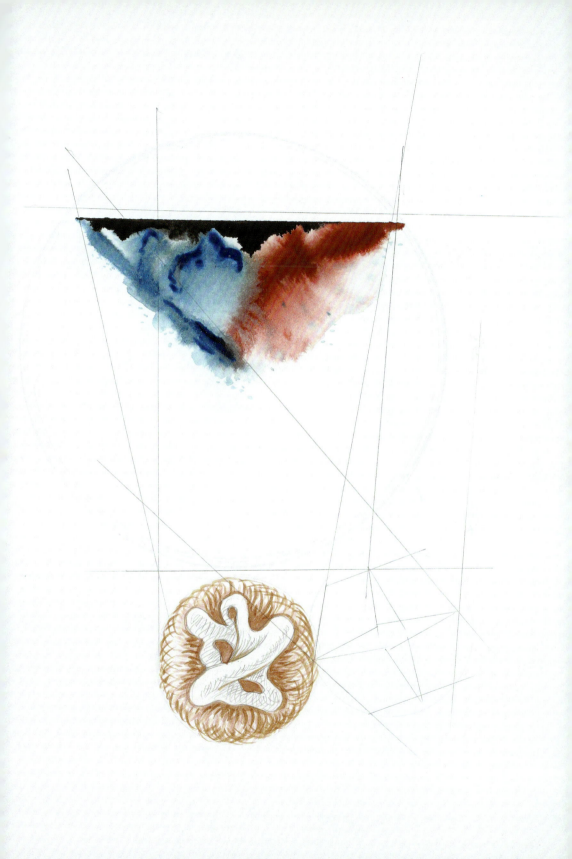

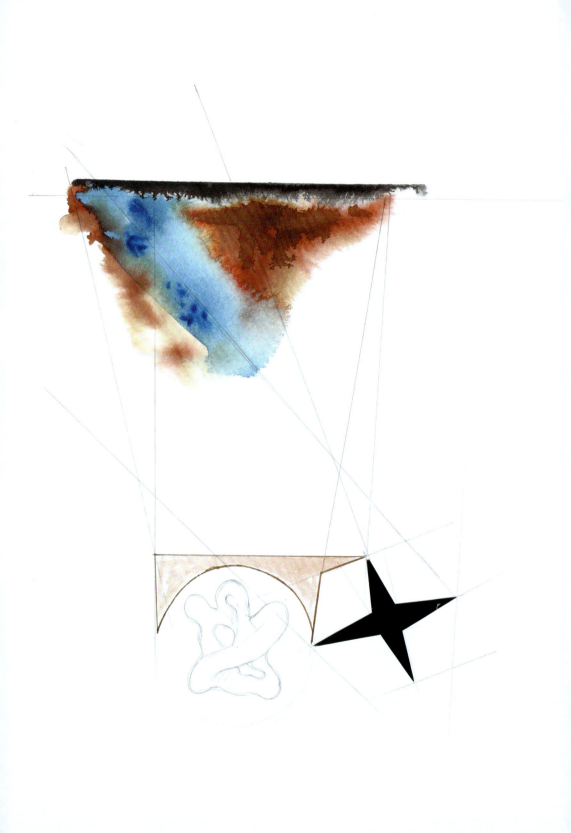

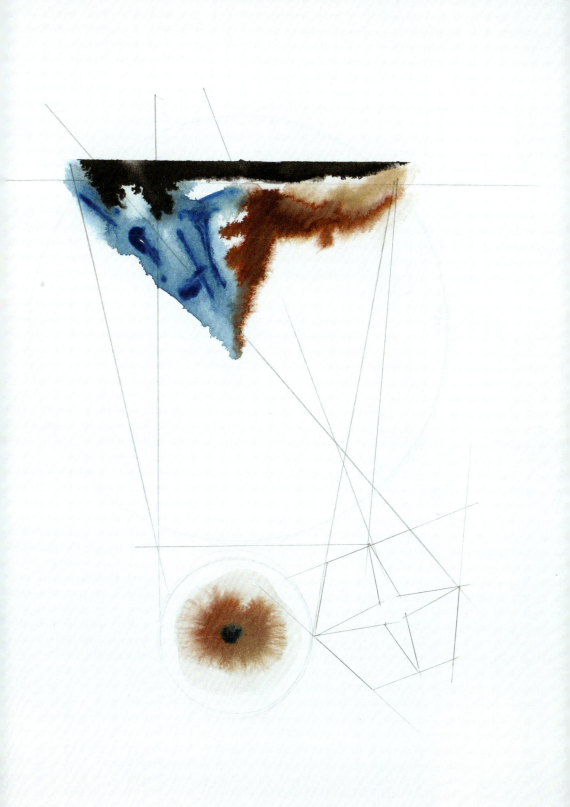

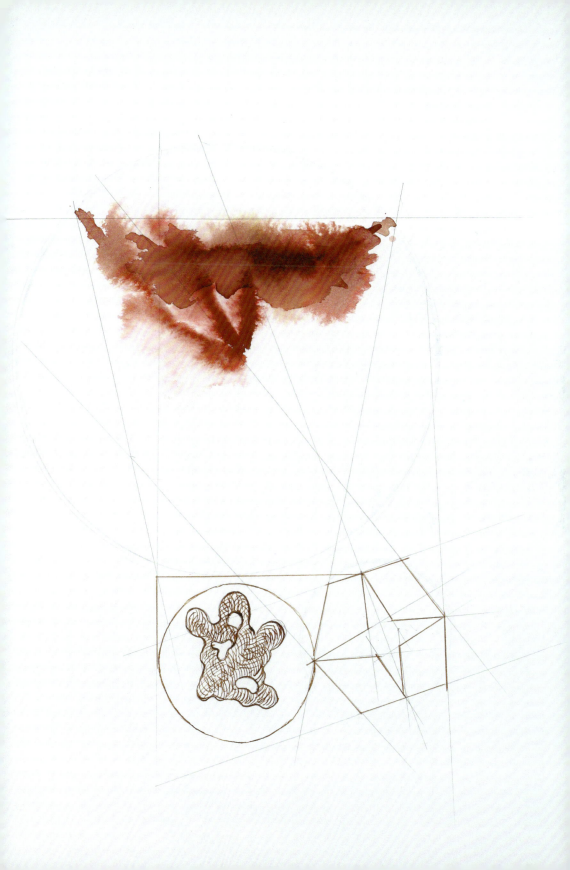

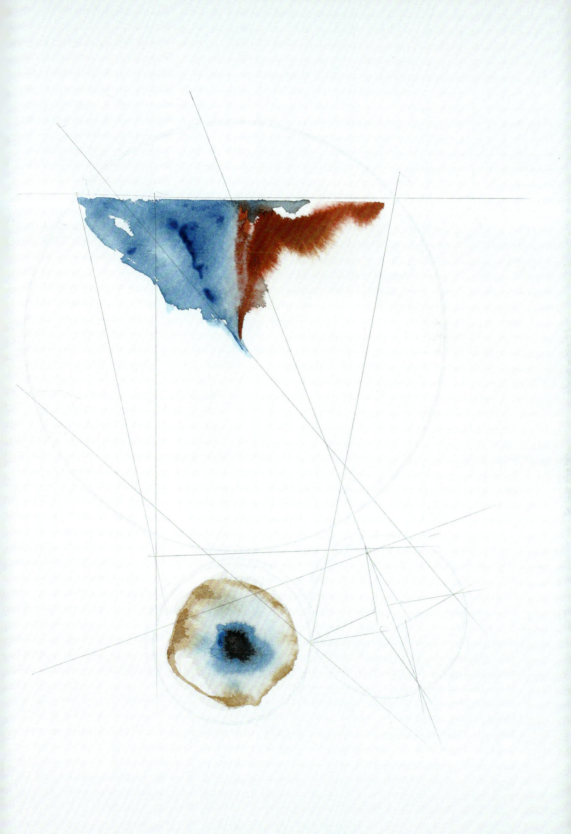

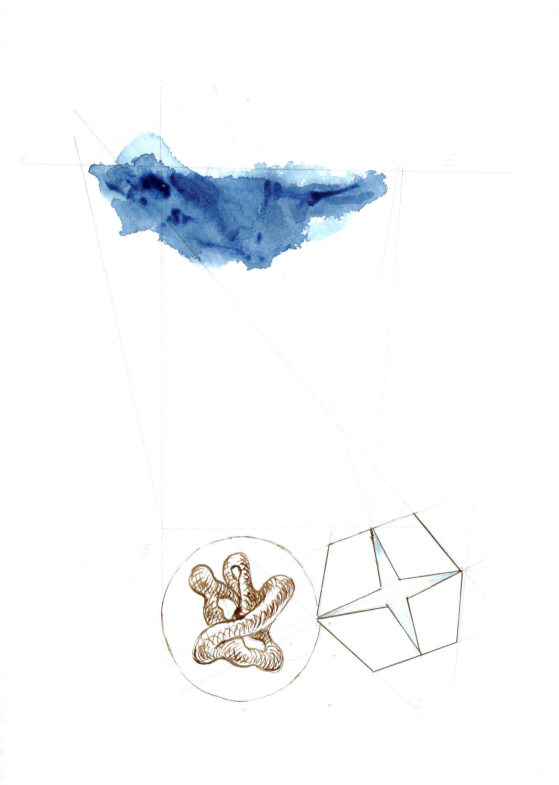

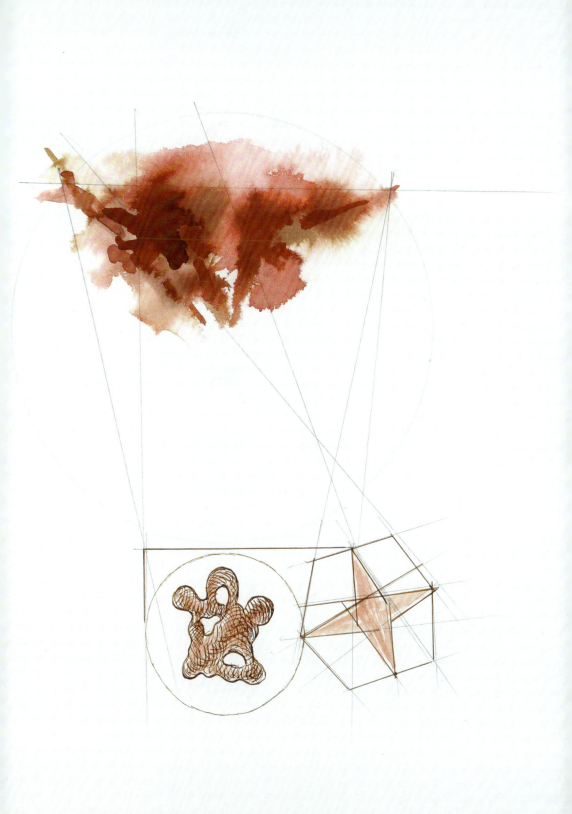

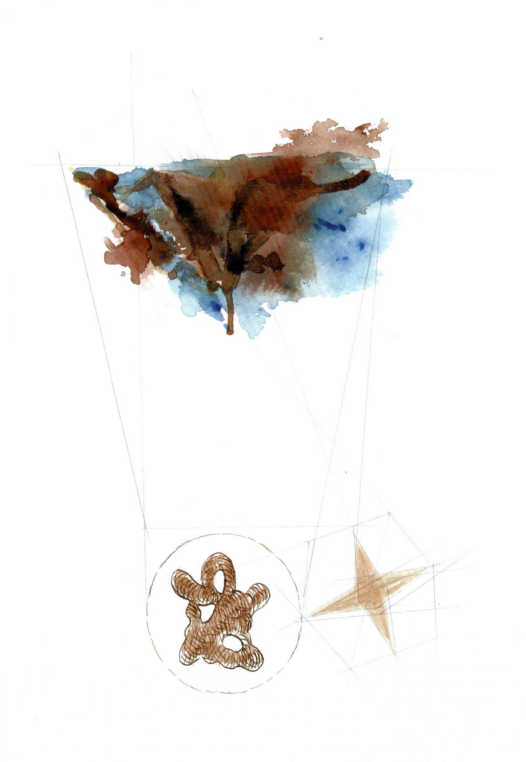

# Touching the Nameless

## Marcus Steinweg

1    Philosophy means touching the nameless.

2    Reality is the name for clouding the nameless. Only cynics keep to the 'facts'. The subject who avoids the position of the cynic is a subject of love. Philosophy and art are such movements of love. The movement of love is very fast. It does not augment itself carefully like pragmatic, situational reason approaches its objects. It is not a relative movement; it is an absolute movement which intervenes in the order of relative facts without itself belonging to this order. The question concerning the origin of art therefore cannot be answered by referring to the artist and his or her real situation. Art is what overtaxes and limits and opposes the artist, rather than giving expression to the artist's passions. Art and philosophy exist when the subject resists the clouding of the nameless.

3    There is experience only as the experience of what cannot be experienced. The subject of this experience makes contact with an absolute incommensurability, with the *uncanniness of the nameless*. As Bataille, Blanchot, Sartre and Lacan have shown, the experience of what is *heterogeneous*, the experience of the *exterior*, the experience of *contingency*, the experience of the *real* is an experience of the limit that catapults the subject of this experience out of its (supposed) interior security, out of its interior space of self and world. The subject loses itself as the subject of control of self and of world. It plunges out of its 'essence'. It experiences the terror of an absolute disconcertion and disintegration.

4    Philosophy means being related to something without relation. The subject has transgressed itself toward a namelessness that disturbs it.

5    The subject is the name of an elementary overtaxing. It over-stimulates the systems of identity ascription and endangers the ontological world order. It operates as an extimate (outmost) operator of this order without subjugating itself to it. Something resembling a subject exists only as the feverish vector of an incommensurable namelessness. The encounter with a subject, like the subject's self-encounter, is an encounter with impossibility 'as such', in Lacanian terminology, with the "horrifying abyss of the *thing*".[1] It corresponds to a dissolution of world, to a mundane *katastrophé*.

---

1    Slavoj Žižek *Die gnadenlose Liebe* Frankfurt/Main 2001 p. 70.

The uncanniness of the subject without subjectivity has something to do with this threat to the world emanating from it.

6   It is always a matter of the name. What is the name of the nameless? How is it to be named? What kind of name will we give to it? As long as philosophy is reduced to delimitation, to terminological peace-making and calculating investment, it is pursued by the nameless that withdraws from every obligation. That which is without name causes insecurity. What is without name is another term for the danger. No philosophy refuses the name, the question concerning the name which at the same time asks for what cannot be asked and questioned. The question concerning the origin of the name is also the question concerning the origin of philosophy.

7   Philosophy is indebted to the nameless and remains in contact with it by "violently tearing its possibility from non-philosophy, its contraposed ground, its past or its actuality, its death and its origin".[2]

8   Philosophy is open to non-philosophy. "Philosophy needs a non-philosophy which encompasses it; it needs a non philosophical understanding just as art needs non-art and science needs non-science."[3] Non-philosophy is part of philosophy as long as philosophy is more than the communication of books. If philosophy were not also non-philosophy, it would not be philosophy.

9   Perhaps there is art and philosophy only as an exaggeration, that is, as hyperbolism, as self-acceleration, as headlessness and blind excess. Perhaps this is the case because the human subject itself represents an exaggeration, a hyperbolic element. What is human being? What is philosophy? What is art? What does it mean to affirm an exaggeratedness, to undersign for its blindness, impotence and overtaxing as a subject of exaggeration? Can art and philosophy be such signatures of a subject that starts to assume responsibility for its overtaxing and its innocence and blindness? What is responsibility as excess and for the excess, for the exaggeration? What is the subject that constitutes its life out of this exaggerated responsibility?

10   *You have to pay.* That is the first principle of the hyperbolic economy. It always costs more than you can pay. You always pay too little in art and also in thinking. And yet it is necessary to pay more than necessary, more than you can actually pay. The subject of art overflies its own possibilities. It comes into contact with the impossible.

2   Jacques Derrida "Gewalt und Metaphysik" in *Die Schrift und die Differenz* Frankfurt/Main 1972 p. 121.
3   Gilles Deleuze/Félix Guattari *Was ist Philosophie?* Frankfurt/Main 2000 p. 260.

**11**   In his *Critique of Pure Reason* from 1781/87, Kant pronounced a certain prohibition to fly. It is directed against the so-called dogmatic, pre-critical metaphysics of Leibniz, Wolff, Baumgarten, etc. Philosophy, Kant says, cannot deal with God or the immortal soul like the visibility, the phenomena of everyday life. God, the soul, are not visible. They are not mediated by sensuousness, that is, by subjective forms of intuition. Thinking, however, according to Kant, is thinking in concepts, whose content is pre-given by sensuousness, by the capacity to receive. A thinking which overflies sensuousness is not permissible because it is empty.

**12**   The philosophical assertion relates to this lack of a hold, to this void. Therefore it can be called a *wild affirmation deprived of its rights* because the subject of this affirmation is itself empty, that is, an abyssal subject of the void, of the infinite space of the desert.[4] It is the subject of this ontological nakedness and poverty, to be nothing but a subject of the void, of indeterminacy and a lack of essence. This subject crops up in the thinking of the twentieth century as the *homeless* subject (Heidegger), as a subject of the *exterior* (Blanchot), as the subject of *freedom* or *nothingness* (Sartre), as the subject of a *lack of being* or the *real* (Lacan), as the subject of *chaos* or *becoming* (Deleuze/Guattari), as the subject of *desubjectivization* and *care for the self* (Foucault), as the subject of the *other* (Levinas), as the subject of *différance* (Derrida) or as a subject of the *universal* and the *truth* (Badiou). It is a subject whose subjectivity seems to coincide with the dimension of the non-subjective. A subject without subjectivity.

**13**   To be a subject means to have surpassed oneself toward an exterior, an otherness and impossibility in order to affirm oneself as a subject of transgression.

**14**   As the subject of this contact, it is the subject of self-transgression to the dimension of an otherness that a priori undermines every concept of self and identity. It is a subject without any fixed identity that constitutes itself in the act of (re)-contacting its own abyss of essence as an ontological deviation, that is, as an originary disturbance of the actual world, of the positive order of being.

**15**   *Factual world* is another name for *reality*. Factual reality is the world of official, established, recognized, institutionalized, archived, factual truths on which there is consensus. It is the universe of present-day and historical knowledge, of conventions, opinions, inclinations and interests.

---

4   Maurice Blanchot *Au moment voulu* Paris 1951 p. 23; German trans.: Maurice Blanchot *Im gewollten Augenblick* Vienna 2004 p. 16: "La fièrté aussi! l'affirmation sauvage et sans droit" – "Pride! – wild affirmation deprived of its rights."

The factual world is a sphere that by definition excludes truth in order to enable social, political, cultural, that is, identifiable reality. Realities or factual truths are truths that are not truths. The space of factual truths is constituted by pathologically locking out truths because truth is the name of that experience which prevents identity. To privilege facts over possible truths means to prefer the model of identity to the terror of the experience of non-identity, of incommensurability, of pre-ontological chaos.

**16** The factual subject is a subject that holds on to itself in its identity. It is a *dead subject* where death is posited as the "mode of existence of the last human being".[5] That the last human being is the human being who locks out truths, meaning and life, the human being of small factors ("petit faits"), the faitalistic human being. "Wanting to keep standing before what is factual, the factum brutum" is what Nietzsche calls in *On the Genealogy of Morals*, "the fatalism of the 'petit faits', the petit faitalisme".[6] The factual human being reduces himself to the facts. He makes his dead truth from the facts. He is the subject of the faith in facts, of the fatalism of facts and the obscurantism of facts. The facts are his unshakeable law.

**17** The *real* is the name of that which does not or no longer belongs to the space of facts. The real names the limit and the constitutive exterior to the dimension of facts. The real is more real than reality. It is that which inscribes a fundamental inconsistency into 'realistic' calculation, into the idealism of facts. To touch the real is to touch this inconsistency, the weak link in the system of facts.

**18** The subject of philosophy accelerates beyond the space of certainty and its factual truths. It is the subject of a touching of truth. *Truth* is the concept for the absolute limit, the absolute. It marks the (enabling) impossibility and the inconsistency of the universe of facts. The subject of philosophy risks contacting the limit. As a finite subject it contacts the infinite. It touches by touching on the limit, its impossible beyond. The subject of a touching of the limit transgresses and surpasses its reality-status, its objective factual identity to make contact with this exterior, to go through the experience of the impossible which is itself not impossible. The experience of the exterior is an experience of conflict because the exterior names an undecidability which by definition refuses any dialectical calming or communicative conciliation. Following Heidegger, the desert of the exterior can be thought as a *primal conflict* and as the dimension of an *uncanniness* which holds Dasein open to undecidability, contingency and incommensurability.

---

5   Slavoj Žižek *Willkommen in der Wüste des Realen* Vienna 2004 p. 140.
6   Friedrich Nietzsche *Zur Genealogie der Moral* KSA 5 (Kritische Studium-Ausgabe Band 5), loc. cit.pp. 399f.

**19**  Truth is nothing other than the conflict between opening and closing. Heidegger calls it the primal conflict between *lethe* and *aletheia*. This is the word for the compossibility, the monstrous simultaneity or *controversy* of *world* and *earth*, *clearing* and *hiddenness*.[7] The subject opens itself to an irreducible closure, an originary forgetting, the primordial *lethe*, without injuring it, without doing any violence to the impossible. As if asleep, with the proverbial sureness of a somnambulant dreamer who is neither awake nor asleep, this subject would oscillate between the possible and the impossible, between opening and closure, between reality and the real, consciousness and the unconscious, knowledge and non-knowledge. "The possibility of the impossible can only be dreamt, it can only exist as something dreamt."[8]

**20**  Can there be a touching of truth only for a singular subject of monstrousness, for the subject of the desert? Or is the concept of truth, of the universal truth as singular assertion, connected with the promise, the hope, the appeal to open the singular experience of truth to the universal truth of experience? Thus to a truth which, even though it can only be asserted and defended singularly, has universal validity. Doubtless there are (individual) subjects (there are probably many) who exclude truth (for themselves). Truth, by contrast, is that which does not deny access to any subject, to nobody. Therein resides its inexorability, the obstinate insistence of truth, that it does not omit anybody, that it forgets no-one. The subjects who keep open access to truth (to the conflict between opening and closing, to absolute *lethe*, to *diaphora*) constitute the community of truth of subjects without subjectivity. This is the we-community of subjects whose being is 'grounded' in their ontological rootlessness. It is the hyperborean we-collective of which Deleuze says that its "members are capable of 'trust', of a belief in themselves, in the world and in becoming,"[9] a belief which leaves aside the Western ideal of knowledge grounded in some kind of the we-subjectivity. "Human beings without essence and without identity," says Agamben,[10] singularities who "form a community without making a claim on identity, who belong together without a representable condition of belonging together (being an Italian, a worker, a Catholic, a terrorist)," which "under no circumstances can be tolerated"[11] by the established political powers.

---

7  Cf. Martin Heidegger "Der Ursprung des Kunstwerks" in *Holzwege* Frankfurt/Main 1980 (6th printing.) p. 47.
8  Jacques Derrida *Fichus* Vienna 2003 p. 18.
9  Gilles Deleuze *Kritik und Klinik* Frankfurt/Main 2000 p. 120.
10 Giorgio Agamben *Das Offene* Frankfurt/Main 2003 p. 85.
11 Giorgio Agamben *Mittel ohne Zweck* Freiburg/Berlin 2001 p. 85.

**21**   The subject of non-identity is the subject of an ontological indeterminacy which keeps it opened to the namelessness of a "new human being" and a "new human community".[12] The community of philosophers is the community of subjects of undivided responsibility, perfected autonomy. There is nothing that would tie the philosophers to one another other than their loneliness. Philosophers do not discuss. They speak at cross-purposes.

**22**   I call the subject of indeterminacy an hyperborean subject. "We Hyperboreans," writes Nietzsche over a fragment dated November 1887.[13] A few months later he writes *The Antichrist*. We Hyperboreans, we who live in the "hyperborean zone", in inhospitability or unlivability itself: the exterior. The "hyperborean zone which is far from the temperate zones".[14] We Hyperboreans, we measureless ones who only exist in contact with the immeasurable and the incommensurable, we "who would rather live in the ice," says Nietzsche, we withdraw from the "rotten peace" and the "cowardly compromise", from a certain "tolerance" and a "largesse of the heart". We resist the "happiness of weaklings" and an ethics of compassion which these "weaklings" demand (for themselves, for good reason) rather than practising it themselves. And soon after Nietzsche has pronounced one of his most terrible statements ("the weak and misshapen should perish: first principle of *our* philanthropy") we read, "nothing is more unhealthy in the midst of our unhealthy modernity than Christian compassion. To be a physician *here*, to be merciless *here*, to wield the knife *here* — that is part of *us*, that is *our* love of humanity, with this we are philosophers, we Hyperboreans!"[15] Hyperboreanism seems to be linked with a certain *we*, with the we of the philosophers, as if the position of this elementary singularity, the thinking of the essential loneliness of the hyperborean subject only articulates a kind of paradox or contradiction, as if one had to be one among several to legitimate one's loneliness.
We Hyperboreans also means we, the community of those who are without community, without we-community. We lonely ones. We singularities. We who touch the limit on the *logos* which represents the principle of the Western we-community. We who have fallen out of the we-cosmos. We who have taken leave of the universality of a transcendental commune, of the dwelling area of transcendental we-subjectivity. We homeless ones.
We arctic natures. We monstrous ones who have contact with the limit of what is usual, situated and liveable. We contact-subjects, we border-natures, we border on this border and accelerate ourselves beyond this limit.

12  Gilles Deleuze *Kritik und Klinik* loc. cit. p. 116 and p. 119 (note).
13  Friedrich Nietzsche *Nachgelassene Fragmente 1887-1889* Kritische Studienausgabe (KSA) 13, ed. Giorgio Colli and Mazzino Montinari, Munich/Berlin/New York 1988 p. 56.
14  Gilles Deleuze *Bartleby oder die Formel* Berlin 1994 p. 40.
15  Friedrich Nietzsche *Der Antichrist* (KSA 6) loc. cit. p. 174.

We uncanny ones or, as Heidegger also says, we *unhoused* ones. We who in *being not at home* are at home in the uncanny.[16] We high-spirited ones, we excessive ones. We are subjects of an invariably violent self-overcoming, subjects of self-overwinding, of self-over-stimulation and self-unbounding. Thus we who are what we are only by betraying the idea of the we and our self through transgression. We traitors, we non-identical ones without secure origin and future, we faceless ones, we should confront ourselves with ourselves by learning to look ourselves in the face.

**23**  Philosophical experience is loyal to itself in being radically disloyal. It betrays itself in order to continue the line of its desire. It realizes its own desire at precisely the moment in which it comes to grief on it. It pays more than it can pay. Its "calculation only succeeds in failure".[17]

**24**  The hyperborean subject is a hyperbolic subject of self-surpassing toward an absolute exterior which is uninhabitability itself, chaos, incommensurability as such. It is the subject of a self-assertion of non-identity, subject of a failed anamnesis, of transcendental non-recognizability, subject without name, without memory, without teleological inscription. Subject of transcendental facelessness.

**25**  The hyperborean world is the world of truth as long as we understand by *truth* the zone of incommensurability, of the carrying out of the conflict between light and darkness, opening and closure, *aletheia* and *lethe*. The hyperborean world of truth is the sphere of this conflict, the space of *diaphora* which as the hypo-, inter- and hyper-sphere limits the universe of facts from all sides. Diaphora is the Greek word for strife or the primal conflict, or, as Deleuze says, the "contest between immanence and transcendence".[18] The *diaphora* outlines what is without outline, the immeasurable, the primordial disorder of beings in their uncountable diversity. Truth is therefore neither propositional truth, nor does it bend to the law of accountability, to calculation like correctness (*orthotes*) does.[19]

**26**  A touching of truth always happens when the subject of this touching is forced to accelerate beyond its actual self, when it loses itself in the endless sea of undecidability, in contact with what cannot be contacted.

---

16  Martin Heidegger *Sein und Zeit* Tübingen 1986 (16th printing) pp. 276f.
17  Jacques Derrida "Ja, oder der faux-bond (II)" in *Auslassungspunkte* Vienna 1998 p. 54.
18  Gilles Deleuze "Die Zonen der Immanenz" in *Schizophrenie & Gesellschaft* Frankfurt/Main 2005 p. 251.
19  Cf. Martin Heidegger *Zur Sache des Denkens* Tübingen 1976 p. 78.

**27**  What distinguishes truth from certainty is that it is as such deranged. The space of truth (of diaphora, of undecidability, of chaos) is the space of an irreducible, primordial derangement in which the subject finds itself originarily embedded. To be a subject means to put oneself into an explicit relationship with this truth which 'is' equally untruth, equally *lethe* (concealment) and *aletheia* (unconcealment). It is this *equally*, this monstrous simultaneity and equal rank or "equiprimordiality of truth and untruth"[20] which keeps the subject in suspense from the outset. The subject of this monstrous simultaneity is the subject of restlessness. It experiences its being as the theatre of this conflictual unification of what cannot be united, of the compossibility of death and life, beginning and end, origin and horizon.

**28**  The hyperborean subject experiences the real as the compossibility of what is incompossible. The experience of this compossibility is the experience of the *pure exterior* which transports the subject into a strange zone alienated from all dialectic. To the point of indistinguishability, ascent and descent, origin and horizon meet in one and the same language: death and life dipped into one and "the same neutral light — light and dark at the same time".[21] It is this logic of *simultaneity* of what is not simultaneous, of indistinguishability, of "reciprocal transparency of the beginning and death" which the thinking of the exterior seems to share with the Heraclitean legacy of a non-dialectical *in-jointness of what is striving apart.*

**29**  "Kant's greatness," says Badiou, "resides in the fact of combining the idea of a limit to reason with the contrary idea of a human nature which surpasses itself as it is laid out above all in the infinitude of practical reason".[22] The subject of self-surpassing, of self-transgression, of self-tearing-away and touching of the limit is the finite subject of infinitude. It is the subject of truth insofar as *truth* is the name of "primordial inner turmoil or emptiness".[23] It is a subject opened to nothingness, to the real, to the dimension of a pre-originary 'originariness', ontological subject whose truth belongs neither to the ontological order of being nor to the ontic order of beings. The truth of the subject of truth is an opening toward the zone of conflict between being and beings, to the strife (*eris*) or war (*polemos*) between openness and closedness, to the ... *ontological difference.* As a subject of truth, the subject of the touching of truth is the subject of an experience of difference between *lethe and aletheia*, earth and

20 Cf. Jacques Derrida *Politik der Freundschaft* Frankfurt/Main 2000 p. 91.
21 Michel Foucault "Das Denken des Außen" in *Schriften zur Literatur* Frankfurt/Main 2003 p. 232.
22 Alain Badiou "Das Ereignis denken" in Alain Badiou / Slavoj Žižek *Philosophie und Aktualität. Ein Streitgespräch* Wien 2005, p. 73. Cf. M. Steinweg *Subjektsingularitäten* Berlin 2004 pp. 9ff.
23 Maurice Blanchot *L'entretien infini* Paris 1969 p. 120.

world, darkness and light. In relation to this difference (to a conflict that is mirrored neither on the scale of what is knowable nor on the scale of the unknowable, for it describes the monstrous compossibility of knowledge and non-knowledge), the subject must maintain a form which would be equally a *form of truth* and a *form of life*, a form that is appropriate to formlessness itself.

30  The subject touches truth and it tries to give this touching a name which cannot be assimilated to the pseudonyms of metaphysical terminology because the form of truth is what opposes the form of knowledge and certainty as an absolute resistance.

31  The truth is what withdraws from certainty at all times and also from any form of knowing and not knowing in the name of an *other enlightenment* (as Nietzsche says so often), of another philosophy or of *another thinking that thinks differently*. What is *true* cannot possibly be certain because certainty is only due to leaping over the category of truth.

32  Certainties are invented to prevent truths. The subject of certainty is the subject of the reality of facts. Truth is what interrupts the possibility of certainty, that is, of calming oneself in the universe of facts. The subjects of this interruption are "friends of loneliness", "incommensurable subjects" of incommensurability, "subjects without subject and without intersubjectivity".[24]

33  The hypercritical world has to be distinguished from the critical world. This is the hyperborean world of truth, the world of *true critique*. The hypercritical world is distinguished from the merely critical world of facts in being the world of love, of admiration and of consent. A world of truth affirmed in the act of touching. The subject of this affirmation is the subject of a hyperbolic love. It is the subject of a love of truth. It loves the *other*, the anonymous power on the *exterior* which exceeds its status as subject of actual certainty, as *self-consciousness*, *person* and *individual*. It is a hypercritical subject of a hyperbolic love that unify as within itself admiration, affirmation and consent to the *otherness* (of the *incommensurable*).

34  Philosophy, insofar as it represents a European event, the event of a culture of logos that has lasted two and a half millennia, associated itself from the outset with light (with the Platonic sun, the Christian *lumen*, the enlightenment, the *Lumières*, with Husserlian evidence and

---

24  Jacques Derrida *Politik der Freundschaft* loc. cit. p. 77.

the Heideggerian *Lichtung*).[25] It was ignited at its origin as a metaphysics of light, by Heraclitus' all-steering lightning, by Plato and the Neo-Platonism of Plotinus, Proklos and Porphyry, via Augustine up to Robert Grosseteste, Roger Bacon, Bonaventura and Albertus Magnus in order, from the declining Middle Ages, to dominate the entire modern age, the metaphysics of cognitive self-transparency, the search for incontrovertible certainty (*certitudo*), the metaphysics of self-grounding or self-founding in the evidence of self-consciousness. As if the Western subject from its very dawning had stood under the dictates of a light that condemned it to articulate itself and its world in concepts of what is obvious, of clarity, of visibility and openness, that is, of a certain *logical* evidence. "For two and a half millennia everything that is and becomes appears in the light of the logos: through the logos and as logos."[26] And yet it is *obvious* that in all phases of its appearance, contact with a darkness is a component part of the subject of light, more or less obvious and more or less admitted, which darkens the light of evidence. The subject of light as such is accompanied by the threat of an absolute darkness. It inkles or senses the effectiveness of this darkness in all its stirrings and acts. Something resembling thinking exists only in relation to a felt limit that indicates the impossibility of thinking, the *katastrophé* of meaning. Touched by non-meaning, thinking must authorize itself to make assertions of meaning. Only by touching non-meaning do freedom, reason, responsibility gain their meaning as the condition of possibility of a democratic, emancipatory, progressive self-elevation (*autoerectio*). The thinking of light has to assert itself as the thinking of darkness. Like the subject of the experience of the other, of the impossible, of the absolute future or of the event of propriation, the subject of the affirmation of light affirms an originary darkness as the ground of possibility of its experience. As the thinking of what is possible, it is subject to this experience of the impossible. It decides, as Derrida repeated tirelessly, in the night of undecidability. "The 'undecidable' for me was never the opposite of decision, but the condition of decision, and that in all cases in which the decision cannot be derived from a knowledge like a computing machine would do."[27] Thus, this seems to be the specific alliance between light and darkness, concealment (*lethe*) and unconcealment (*aletheia*) in the deconstructive thinking of another enlightenment. The subject of light, of knowledge, of decision must affirm itself as the subject of an openness which extends its being to the dimension of closure, of impossibility, of undecidability and absolute darkness.

---

25 Although Heidegger occasionally denies the connection between and light (Licht) and clearing (Lichtung), the thinking of the Lichtung, of the *truth of being* and the *Ereignis* remains connoted with a vocabulary of luminosity.
26 Kostas Axelos *Le jeu du monde* Paris 1969 p. 103.
27 Jacques Derrida *Marx & Sons* Frankfurt/Main 2004 p. 63.

**35** The subject of philosophy has surpassed and transgressed itself into the night of non-evidence. It overflies the space of facts and their transcendental historical determinants. Sleeping, dreaming, flying, it accelerates toward the nameless.

*Translated from the German by Michael Eldred.*

# Berührung des Namenlosen

## Marcus Steinweg

1. Philosophie ist Berührung des Namenlosen.

2. Realität ist der Name für die Eintrübung des Namenlosen. Nur Zyniker halten sich an „Fakten". Das Subjekt, das die Position des Zynikers meidet, ist Subjekt der Liebe. Philosophie und Kunst sind solche Liebesbewegungen. Die Liebesbewegung ist absolut schnell. Sie steigert sich nicht behutsam wie die Annäherung der pragmatischen (situativen) Vernunft an ihre Gegenstände. Sie ist keine relative, sie ist eine absolute Bewegung, die in die Ordnung der relativen Tatsachen eingreift, ohne dieser Ordnung selbst anzugehören. Deshalb läßt sich die Frage nach dem Ursprung der Kunst nicht mit dem Hinweis auf den Künstler (und seine reale Situation) beantworten. Kunst ist, was den Künstler überfordert und begrenzt, was ihm opponiert (statt seinen Leidenschaften Ausdruck zu verschaffen). Kunst und Philosophie gibt es, wenn das Subjekt der Eintrübung des Namenlosen widersteht.

3. Es gibt Erfahrung nur als Erfahrung des Unerfahrbaren. Das Subjekt dieser Erfahrung tritt mit einer absoluten Inkommensurabilität, mit der *Unheimlichkeit des Namenlosen* in Kontakt. Wie Bataille, Blanchot, Sartre und Lacan gezeigt haben, ist die Erfahrung des *Heterogenen*, die Erfahrung des *Außen*, die Erfahrung der *Kontingenz*, die Erfahrung des *Realen* eine das Subjekt dieser Erfahrung aus seiner (vermeintlichen) interioren Sekurität, aus seinem Selbst- und Weltinnenraum, katapultierende Grenz-Erfahrung. Das Subjekt verliert sich als Subjekt der Selbst- und Weltkontrolle. Es stürzt aus seinem „Wesen". Es erfährt den Schrecken einer absoluten Befremdung und Desintegration.

4. Philosophie ist Bezogenheit auf das Unbezügliche. Das Subjekt hat sich auf eine Namenlosigkeit überschritten, die es verstört.

5. Das Subjekt ist der Name einer elementaren Überforderung. Es überreizt die identitären Zuschreibungssysteme und gefährdet die ontologische Weltordnung. Es operiert als extimer Operator dieser Ordnung ohne sich ihr unterzuordnen. Es gibt so etwas wie ein Subjekt nur als fiebrigen Vektor einer inkommensurablen Namenlosigkeit. Die Begegnung mit einem Subjekt, ist, wie die Selbstbegegnung des Subjekts, Begegnung mit der Unmöglichkeit „als solcher", in lacanianischer

Terminologie: mit dem „grauenhafte(n) Abgrund des *Dings*".[1]
Sie entspricht einer Weltauflösung. Einer mundanen *katastrophé*.
Die Unheimlichkeit des Subjekts ohne Subjektivität hat mit dieser von
ihm ausgehenden Weltbedrohung zu tun.

6.   Immer geht es um den Namen. Wie heißt oder wie nennt man
das Namenlose? Was für einen Namen geben wir ihm? Solange die
Philosophie sich auf die Begrenzung, die terminologische Befriedung und
kalkulatorische Investition, reduziert, wird sie vom Namenlosen verfolgt,
das sich jeder Verbindlichkeit entzieht. Was ohne Namen ist, verunsichert.
Das Namenlose ist ein anderer Titel für die Gefahr. Keine Philosophie,
verweigert sich dem Namen, der Frage des Namens, die zugleich nach dem
Unfragbaren fragt. Die Frage nach dem Ursprung des Namens ist auch die
Frage nach dem Ursprung der Philosophie.

7.   Die Philosophie verdankt sich dem Namenlosen und bleibt mit ihm
in Kontakt, indem sie „gewaltsam ihre Möglichkeit der Nicht-Philosophie,
ihrem entgegenstehenden Grund, ihrer Vergangenheit oder ihrer
Faktizität, ihrem Tod und ihrem Ursprung"[2] entreißt.

8.   Philosophie ist offen auf Nicht-Philosophie: „Die Philosophie
bedarf einer Nicht-Philosophie, die sie umfaßt, sie bedarf eines nicht-
philosophischen Verständnisses, so wie die Kunst der Nicht-Kunst bedarf
und die Wissenschaft der Nicht-Wissenschaft."[3] Die Nicht-Philosophie
gehört zur Philosophie, solange Philosophie mehr ist als die Kommunikation
von Büchern. Wäre die Philosophie nicht auch Nicht-Philosophie, sie wäre
nicht Philosophie.

9.   Vielleicht gibt es Kunst und Philosophie nur als Übertreibung, das
heißt als Hyperbolismus, als Selbstbeschleunigung, als Kopflosigkeit und
blinden Exzess. Vielleicht ist es so, weil das menschliche Subjekt selbst eine
Übertreibung darstellt, ein hyperbolisches Element. Was ist der Mensch?
Was ist Philosophie? Was ist Kunst? – Was bedeutet, eine Übertriebenheit
zu bejahen, seine Blindheit und Ohnmacht und Überforderung als Subjekt
der Übertreibung zu signieren? Können Kunst und Philosophie solche
Signaturen sein eines Subjekts, das für seine Überforderung und seine
Unschuld und Blindheit die Verantwortung zu übernehmen beginnt?
Was ist Verantwortung als Exzess und für den Exzess, für die Übertreibung?
Was ist das Subjekt, das aus dieser übertriebenen Verantwortung sein
Leben macht?

1   Slavoj Žižek, *Die gnadenlose Liebe*, Frankfurt a. M. 2001, S. 70
2   Jacques Derrida, „Gewalt und Metaphysik", in ders., *Die Schrift und die Differenz*, Frankfurt a. M. 1972, S. 121.
3   Gilles Deleuze/Félix Guattari, *Was ist Philosophie?*, Frankfurt a. M. 2000, S. 260.

10. *Man muß bezahlen* – das ist der erste Grundsatz der hyperbolischen Ökonomie. Es kostet immer mehr, als man bezahlen kann. Man bezahlt immer zu wenig, in der Kunst wie im Denken. Und dennoch ist es notwendig, mehr zu bezahlen als nötig, mehr als man faktisch bezahlen kann. Das Subjekt der Kunst überfliegt seine eigenen Möglichkeiten. Es tritt mit dem Unmöglichen in Kontakt.

11. Kant hat in seiner *Kritik der reinen Vernunft* (1781/87) ein gewisses Flugverbot ausgesprochen. Es richtet sich gegen die sogenannte dogmatische, vorkritische Metaphysik (Leibniz, Wolff, Baumgarten etc.). Die Philosophie, sagt Kant, kann nicht von Gott oder der (unsterblichen) Seele handeln, wie von Sichtbarkeit (den Phänomenen) des Alltags. Gott, die Seele, sind nicht sichtbar. Sie sind nicht durch Sinnlichkeit, das heißt durch subjektive Anschauungsformen, vermittelt. Das Denken aber, so Kant, ist Denken in Begriffen, deren Gehalt durch die Sinnlichkeit, das Rezeptions- oder Empfangsvermögen, vorgegeben ist. Ein Denken, das die Sinnlichkeit überfliegt ist unzulässig, weil leer.

12. Die philosophische Behauptung bezieht sich auf diese Anhaltslosigkeit, auf diese Leere. Deshalb kann sie eine *entrechtete und wilde Bejahung* heißen, weil das Subjekt dieser Bejahung selbst leer, das heißt abgründiges Subjekt der Leere, des infiniten Wüstenraums ist.[4] Es ist Subjekt dieser ontologischen Nacktheit und Armut, nichts als Subjekt der Leere, der Unbestimmtheit und Wesenslosigkeit zu sein. Dieses Subjekt taucht im Denken des 20. Jahrhundert als Subjekt des *Unzuhause* (Heidegger), als Subjekt des *Außen* (Blanchot), als Subjekt der *Freiheit* oder des *Nichts* (Sartre), als Subjekt des *Seinsmangels* oder des *Realen* (Lacan), als Subjekt des *Chaos* oder des *Werdens* (Deleuze/Guattari), als Subjekt der *Desubjektivierung* und *Selbstsorge* (Foucault), als Subjekt des *Anderen* (Levinas), als Subjekt der *différance* (Derrida) oder als Subjekt des *Universellen* oder der *Wahrheit* (Badiou) auf. Es ist ein Subjekt, dessen Subjektivität sich mit der Dimension des Nicht-Subjektiven zu decken scheint. Ein Subjekt ohne Subjektivität.

13. Subjekt sein heißt, sich auf ein Außen, eine Andersheit und Unmöglichkeit hin überschritten zu haben, um sich als Subjekt der Überschreitung zu affirmieren.

14. Als Subjekt dieses Kontakts ist es Subjekt der Selbstüberschreitung auf die Dimension einer Andersheit, die jeden Selbst- und Identitätsbegriff

---

4  Maurice Blanchot, *Au moment voulu*, Paris 1951, S. 23; dt.: Maurice Blanchot, *Im gewollten Augenblick*, Wien 2004, S. 16: „La fièrté aussi! l'affirmation sauvage et sans droit"– „Der Stolz, das wilde und entrechtete Jasagen".

a priori unterminiert. Es ist Subjekt ohne identitäre Fixierung, das sich im Akt der (Re)Kontaktierung des eigenen Wesens-Abgrunds als ontologische Abweichung, d.h. als originäre Störung der Tatsachenwelt (der positiven Seinsordnung) konstituiert.

**15.** *Tatsachenwelt* ist ein anderer Name für *Realität*. Die Tatsachenrealität ist Welt der offizialisierten, etablierten, konsensualisierten, anerkannten, instituierten und archivierten Tatsachen-Wahrheiten. Sie ist das Universum des gegenwärtigen und historischen Wissens, der Konventionen, Meinungen, Neigungen und Interessen. Die Tatsachen-Welt ist eine Sphäre, die per definitionem Wahrheit ausschließt, um soziale, politische, kulturelle, also identifizierbare Realität zu ermöglichen. Realitäten oder Tatsachen-Wahrheiten sind Wahrheiten, die keine sind. Der Raum der Tatsachen konstituiert sich durch die pathologische Aussperrung von Wahrheiten, weil Wahrheit den Namen eben der Erfahrung benennt, die Identität verhindert. Die Tatsachen vor möglichen Wahrheiten zu privilegieren, bedeutet das Identitäts-Modell dem Schrecken der Erfahrung der Nicht-Identität, der Inkommensurabilität, des vorontologischen Chaos vorzuziehen.

**16.** Das Tatsachen-Subjekt ist identitäres, sich selbst anhaltendes Subjekt. Es ist *totes Subjekt*, wenn man den Tod als „Existenzweise des letzten Menschen"[5] ansetzt. Der letzte Mensch ist der Mensch der Wahrheits-, Sinn- und Lebens-Aussperrung. Der Mensch der kleinen Fakten („petit faits"): der faitalistische Mensch. Das „Stehenbleiben-Wollen vor dem Thatsächlichen, dem factum brutum" ist, was Nietzsche in *Zur Genealogie der Moral* den „Fatalismus der ‚petit faits'", den „petit faitalisme"[6] nennt. Der Tatsachen-Mensch reduziert sich auf die Tatsachen. Er macht aus den Tatsachen seine tote Wahrheit. Er ist Subjekt des Tatsachen-Glaubens, des Tatsachen-Fatalismus und Tatsachen-Obskurantismus. Die Tatsachen sind sein unerschütterliches Gesetz.

**17.** Das *Reale* ist der Name dessen, was dem Raum der Tatsachen nicht (mehr) angehört. Das Reale benennt die Grenze und das konstitutive Außerhalb der Tatsachen-Dimension. Das Reale ist realer als die Realität. Es ist, was dem „realistischen" Kalkül – dem Tatsachen-Idealismus – eine fundamentale Inkonsistenz einschreibt. Die Berührung des Realen ist Berührung dieser Inkonsistenz, des Schwachpunkts des Tatsachen-Systems.

---

5  Slavoj Žižek, *Willkommen in der Wüste des Realen*, Wien 2004, S. 140.
6  Friedrich Nietzsche, *Zur Genealogie der Moral*, KSA 5, a.a.O., S. 399f..

**18.** Das Subjekt der Philosophie beschleunigt über den Gewißheitsraum und seine Tatsachenwahrheiten hinaus. Es ist Subjekt der Wahrheitsberührung. *Wahrheit* ist der Begriff für die absolute Grenze: das Absolute. Sie markiert die (ermöglichende) Unmöglichkeit und Inkonsistenz des Tatsachenuniversums. Das Subjekt der Philosophie riskiert den Grenzkontakt. Es kontaktiert als endliches das Unendliche. Es berührt, indem es die Grenze anrührt, ihr unmögliches Jenseits. Das Subjekt der Grenzberührung überschreitet seinen Wirklichkeits-Status, seine objektive Tatsachen-Identität, um im Kontakt mit diesem Außen, die (selbst nicht unmögliche) Erfahrung des Unmöglichen zu machen. Die Erfahrung des Außen ist Konflikterfahrung, weil das Außen eine Unentscheidbarkeit benennt, die sich per defintionem der dialektischen Beruhigung und kommunikativen Schlichtung verwehrt. Mit Heidegger läßt sich die Wüste des Außen als *Urstreit* denken und als Dimension einer *Unheimlichkeit*, die das Dasein auf die Unentscheidbarkeit, die Kontingenz und Inkommensurabilität geöffnet hält.

**19.** Wahrheit ist nichts als der Konflikt von Öffnung und Verschließung. Heidegger nennt sie den *Urstreit* von *lethe* und *aletheia*. Das ist das Wort für die Kompossibilität, die monströse Gleichzeitigkeit oder *Gegenwendigkeit* von *Welt* und *Erde*, *Lichtung* und *Verbergung*.[7] Das Subjekt öffnet sich einer irreduziblen Verschließung, einem originären Vergessen, der primordialen *lethe*, ohne sie zu verletzen, ohne dem Unmöglichen Gewalt anzutun. Wie im Schlaf, mit der sprichwörtlichen Sicherheit eines weder nur schlafenden noch nur wachen Traumwandlers, würde dieses Subjekt zwischen dem Möglichen und dem Unmöglichen, der Öffnung und der Verschließung, der Realität und dem Realen, zwischen Bewußtsein und Unbewußtem, Wissen und Nicht-Wissen oszillieren: „Die Möglichkeit des Unmöglichen kann nur geträumt werden, sie kann nur als geträumte sein."[8]

**20.** Kann es Wahrheits-Berührung nur für ein singuläres Subjekt des Ungeheuren – für das Subjekt der Wüste – geben? Oder verbindet sich mit dem Begriff der Wahrheit – mit der universellen Wahrheit als singulärer Behauptung – das Versprechen, die Hoffnung, der Appell, die singuläre Erfahrung der Wahrheit auf die universelle Wahrheit der Erfahrung zu öffnen? Auf eine Wahrheit also, die, auch wenn sie nur singulär behauptet und verteidigt werden kann, universelle Geltung hat. Zweifellos gibt es (einzelne) Subjekte (es sind wohl viele), die Wahrheit (für sich) ausschließen. Wahrheit hingegen ist, was keinem Subjekt, niemandem, den Zugang zu ihr verwehrt. Darin liegt ihre Unerbittlichkeit,

---

7 Vgl. Martin Heidegger, „Der Ursprung des Kunstwerks", in ders., *Holzwege*, Frankfurt a. M. 1980 (6.Aufl.), S. 47.
8 Jacques Derrida, *Fichus*, Wien 2003, S. 18.

die obstinate Insistenz der Wahrheit: daß sie keinen ausläßt, daß sie niemanden vergißt. Die Subjekte, die sich den Zugang zur Wahrheit (zum Konflikt von Öffnung und Verschließung, zur absoluten *lethe*: zur *diaphora*) offenhalten, konstituieren die Wahrheits-Gemeinschaft von Subjekten ohne Subjektivität. Das ist die Wir-Gemeinschaft von Subjekten, deren Sein in ihrer ontologischen Wurzellosigkeit „gründet". Es ist das hyperboreische Wir-Kollektiv, von dem Deleuze sagt, daß seine „Mitglieder zum ‚Vertrauen' fähig" sind, „zu diesem Glauben an sich selbst, an die Welt und an das Werden"[9], der das abendländische, in irgendeiner Wir-Subjektivität gegründete, Erkenntnisideal beiseite läßt. „Menschen […] ohne Essenz und ohne Identität"[10], sagt Agamben: Singularitäten, die „eine Gemeinschaft bilden, ohne Anspruch auf Identität zu erheben", die „zusammengehören ohne eine repräsentierbare Bedingung von Zugehörigkeit (das Italiener-, Arbeiter-, Katholik-, Terrorist-Sein)", was die etablierte politische Macht „auf gar keinen Fall dulden"[11] kann.

**21.** Das nicht-identitäre Subjekt ist Subjekt einer ontologischen Unbestimmtheit, die es auf die Namenlosigkeit eines „neuen Menschen" und einer „neuen menschlichen Gemeinschaft" geöffnet hält.[12] Die Gemeinschaft der Philosophen ist die Gemeinschaft von Subjekten ungeteilter Verantwortung, vollendeter Souveränität. Es gibt nichts, was die Philosophen miteinander verbinden würde als ihre Einsamkeit. Philosophen diskutieren nicht. Sie reden aneinander vorbei.

**22.** Ich nenne das Subjekt der Unbestimmtheit hyperboreisches Subjekt. „Wir Hyperboreer" – überschreibt Nietzsche ein Nachlaß-Fragment vom November 1887[13]. Einige Monate darauf verfaßt er *Der Antichrist*. Wir Hyperboreer: Wir, die die „hyperboreische Zone" bewohnen, die Unwirtlichkeit oder Unbewohnbarkeit selbst: das Außen. Die „hyperboreische Zone, die von den gemäßigten Zonen weit entfernt ist."[14] Wir Hyperboreer, wir Maßlosen, die nur im Kontakt mit dem Unermeßlichen, dem Unmeßbaren oder Inkommensurablen existieren, wir, „die lieber im Eise" leben, sagt Nietzsche, wir entziehen uns dem „faulen Frieden" und dem „feigen Compromiss" einer gewissen „Toleranz" und „largeur des Herzens". Wir widerstehen dem „Glück der Schwächlinge" und der Ethik des Mitleidens, die diese „Schwachen" mehr (für sich, aus guten Gründen) fordern, als selber praktizieren.

---

9  Gilles Deleuze, *Kritik und Klinik*, Frankfurt a. M. 2000, S. 120.
10  Giorgio Agamben, *Das Offene*, Frankfurt a. M. 2003, S. 85.
11  Giorgio Agamben, *Mittel ohne Zweck*, Freiburg/Berlin 2001, S. 85.
12  Gilles Deleuze, *Kritik und Klinik*, a.a.O., S. 116 und S. 119 (Anm.).
13  Friedrich Nietzsche, *Nachgelassene Fragmente 1887–1889*, Kritische Studienausgabe (KSA) 13, hrsg. v. Giorgio Colli u. Mazzino Montinari, München/Berlin/New York 1988, S. 56.
14  Gilles Deleuze, *Bartleby oder die Formel*, Berlin 1994, S. 40.

Und bald nachdem Nietzsche einen seiner ungeheuerlichsten Sätze („Die Schwachen und Missrathenen sollen zu Grunde gehen: erster Satz *unserer* Menschenliebe") ausgesprochen hat, heißt es: „Nichts ist ungesunder, inmitten unsrer ungesunden Modernität, als das christliche Mitleid. *Hier* Arzt sein, *hier* unerbittlich sein, *hier* das Messer führen – das gehört zu *uns*, das ist *unsere* Menschenliebe, damit sind *wir* Philosophen, wir Hyperboreer!"[15] Der Hyperboreismus scheint sich mit einem gewissen *Wir*, mit dem Wir der Philosophen, zu verbinden. Als könne sich die Position dieser elementaren Singularität, das Denken der wesentlichen Einsamkeit des hyperboreischen Subjekts nur über eine Art Paradox oder Widerspruch artikulieren. Als müsste man zu mehreren sein, um seine Einsamkeit zu legitimieren. Wir Hyperboreer – bedeutet auch: Wir, die Gemeinschaft derer, die ohne Gemeinschaft, ohne Wir-Gemeinschaft, sind. Wir Einsamen. Wir Singularitäten. Wir, die wir an die Grenze des *logos*, der das Prinzip der abendländischen Wir-Gemeinschaft darstellt, rühren. Wir, aus dem Wir-Kosmos gefallene. Wir, die aus der Universalität einer transzendentalen Kommune, aus dem Wohnbereich der transzendentalen Wir-Subjektivität, ausgeschieden sind. Wir Heimatlosen. Wir arktische Naturen. Wir Ungeheuerlichen, die im Kontakt mit der Grenze des Geheuren, des Gewohnten und Lebbaren stehen. Wir Kontakt-Subjekte, wir Grenz-Naturen, wir grenzen an diese Grenze und beschleunigen über diese Grenze hinaus. Wir Unheimlichen, oder wie Heidegger auch sagt, *Unheimischen*. Wir, die als *Un-zuhause* zuhause sind, im Unheimlichen.[16] Wir Übermütigen, wir Übertriebenen. Wir sind Subjekte einer immer gewaltsamen Selbstüberwindung. Subjekte der Selbstüberdrehung, der Selbstüberreizung und Selbstentgrenzung. Wir also, die nur sind, was wir sind, indem wir die Idee des Wir und unseres Selbst durch Überschreitung verraten. Wir Verräter, wir Nicht-Identischen ohne gesicherte Herkunft und Zukunft, wir Gesichtslosen, wir sollen uns mit uns, indem wir uns ins Gesicht zu sehen lernen, konfrontieren.

**23.** Die philosophische Erfahrung ist sich treu in radikaler Untreue. Sie verrät sich, um die Linie ihres Begehrens fortzusetzen. Sie realisiert ihr eigenes Begehren in genau dem Augenblick, in dem sie an ihm scheitert. Sie bezahlt mehr als sie bezahlen kann. Ihre „Rechnung geht nur im Scheitern auf."[17]

**24.** Das hyperboreische Subjekt ist hyperbolisches Subjekt der Selbstüberschreitung auf ein absolutes Außen, das das Unbewohnbare selbst, das Chaos, die Inkommensurabilität als solche ist. Es ist Subjekt

15  Friedrich Nietzsche, *Der Antichrist*, (KSA 6), a.a.O., S. 174.
16  Martin Heidegger, *Sein und Zeit*, Tübingen 1986 (16. Auflage) S. 276f..
17  Jacques Derrida, „Ja, oder der faux-bond (II)", in ders., *Auslassungspunkte*, Wien 1998, S. 54.

der nicht-identitären Selbstbehauptung. Subjekt scheiternder Anamnese, transzendentaler Nicht-Wiedererkennbarkeit. Subjekt ohne Namen, ohne Erinnerung, ohne teleologische Einschreibung. Subjekt transzendentaler Gesichtslosigkeit.

**25.** Die hyperboreische Welt ist Welt der Wahrheit, solange wir unter *Wahrheit* die Zone der Inkommensurabilität, des *Austrags* des Konflikts von Licht und Dunkelheit, Erinnerung und Vergessen, Öffnung und Verschließung, *aletheia* und *lethe* verstehen. Die hyperboreische Wahrheitswelt ist die Sphäre dieses Konflikts, der Raum der *diaphora*, der als Hypo-, Inter- und Hyper-Sphäre das Universum der Tatsachen von allen Seiten her begrenzt. Diaphora ist das griechische Wort für den Streit oder Ur-Streit, für, wie Deleuze sagt, den „Wettstreit zwischen der Immanenz und der Transzendenz"[18]. Die *diaphora* umreißt das Umrißlose, das Unermeßliche, die primordiale Ungeordnetheit des Seienden in seiner ungezählten Mannigfaltigkeit. Wahrheit ist deshalb weder Aussagen-Wahrheit, noch beugt sie sich, wie die Richtigkeit (*orthotes*) dem Gesetz der Zählbarkeit, dem Kalkül.[19]

**26.** Eine Wahrheits-Berührung geschieht immer dann, wenn das Subjekt dieser Berührung über sein aktuales Selbst hinauszubeschleunigen gezwungen ist, wenn es sich im Kontakt mit dem Nicht-Kontaktierbaren im uferlosen Meer der Unentscheidbarkeit verliert.

**27.** Was die Wahrheit von der Gewißheit unterscheidet ist, daß sie als solche verrückt ist. Der Raum der Wahrheit (der Diaphora, der Unentscheidbarkeit, des Chaos), ist der Raum einer irreduziblen, einer primordialen Verrücktheit, in die sich das Subjekt ursprünglich eingelassen findet. Subjekt zu sein bedeutet, sich in ein explizites Verhältnis zu dieser Wahrheit zu setzen, die ebenso Unwahrheit, gleichermaßen *lethe* (Verborgenheit) wie *aletheia* (Unverborgenheit) „ist". Es ist dieses *gleichermaßen*, diese ungeheure Gleichzeitigkeit und Ebenbürtigkeit oder „Gleichursprünglichkeit der Wahrheit und der Unwahrheit"[20], die das Subjekt von Anfang an in Atem hält. Das Subjekt dieser monströsen Gleichzeitigkeit ist Subjekt der Unruhe. Es erfährt sein Sein als Schauplatz dieser konfliktuösen Vereinigung des Unvereinbaren, der Kompossibilität von Tod und Leben, Anfang und Ende, Ursprung und Horizont.

---

18  Gilles Deleuze, „Die Zonen der Immanenz", in ders., *Schizophrenie & Gesellschaft*, Frankfurt a. M. 2005, S. 251.
19  Vgl. Martin Heidegger, *Zur Sache des Denkens*, Tübingen 1976, S. 78.
20  Vgl. Jacques Derrida, *Politik der Freundschaft*, Frankfurt a. M. 2000, S. 91.

**28.** Das hyperboreische Subjekt erfährt das Reale als Kompossibilität des Inkompossiblen. Die Erfahrung dieser Kompossibilität ist Erfahrung des *reinen Außen*, die das Subjekt in eine jeglicher Dialektik entfremdeten Fremdheitszone trägt. Bis zur Ununterscheidbarkeit treffen Aufgang und Untergang, Ursprung und Horizont in ein und derselben Sprache aufeinander: Tod und Leben in ein und „dasselbe neutrale Licht [ge]taucht – hell und dunkel zugleich."[21] Es ist diese Logik des *Zugleichs*, die Logik der Simultaneität des Ungleichzeitigen, der Ununterscheidbarkeit, der „wechselseitige[n] Transparenz des Anfangs und des Todes", die das Denken des Außen mit dem heraklitischen Erbe einer nicht-dialektischen *gegenstrebigen Fügung* zu teilen scheint.

**29.** „Die Größe Kants", sagt Badiou, „liegt darin, die Vorstellung einer Grenze der Vernunft mit der gegensätzlichen Vorstellung einer sich selbst überschreitenden menschlichen Natur zu verbinden, wie sie vor allem im Unendlichen der praktischen Vernunft angelegt ist."[22] Das Subjekt der Selbstüberschreitung, der Selbstlosreißung und Grenzberührung ist endliches Subjekt des Unendlichen. Es ist Subjekt der Wahrheit, sofern *Wahrheit* der Name der „primordialen Zerrissenheit oder Leere"[23] ist. Es ist auf das Nichts, auf das Reale, auf die Dimension der vorursprünglichen „Ursprünglichkeit" geöffnetes Subjekt. Ontologisches Subjekt, dessen Wahrheit weder der ontologischen Seins-Ordnung noch der Ordnung des Ontischen (des Seienden) angehört. Die Wahrheit des Subjekts der Wahrheit ist Öffnung auf den Konfliktbereich von Sein und Seiendem, auf den Streit (*eris*) oder Krieg (*polemos*) von Offenheit und Verschlossenheit, auf die ... ontologische Differenz. Als Subjekt der Wahrheit ist das Subjekt der Wahrheitsberührung Subjekt der Differenz-Erfahrung von *lethe* und *aletheia*, Erde und Welt, Dunkelheit und Licht. Im Verhältnis zu dieser Differenz – zu einem Konflikt, der sich weder im Register des Wißbaren noch des Nicht-Wißbaren spiegelt, denn er beschreibt die monströse Kompossibilität von Wissen und Nicht-Wissen – muß das Subjekt eine Form behaupten, die gleichermaßen *Wahrheitsform* wie *Lebensform* wäre, eine Form, die der Formlosigkeit selbst angemessen ist.

**30.** Das Subjekt berührt die Wahrheit und es versucht dieser Berührung einen Namen zu geben, der den Pseudonymen der metaphysischen Nomenklaturen nicht assimilierbar ist. Denn die Wahrheitsform ist, was sich der Wissens- oder Gewißheitsform als absoluter Widerstand entgegenstellt.

---

21 Michel Foucault, *Das Denken des Außen*, in ders., Schriften zur Literatur, Frankfurt a. M. 2003, S. 232.
22 Alain Badiou, „Das Ereignis denken", in: Alain Badiou / Slavoj Žižek, *Philosophie und Aktualität. Ein Streitgespräch*, Wien 2005, S. 73. Vgl. M. Steinweg, *Subjektsingularitäten*, Berlin 2004, S. 9ff.
23 Maurice Blanchot, *L'entretien infini*, Paris 1969, S. 120.

**31.** Wahrheit ist, was sich zu jedem Zeitpunkt der Gewißheit und jeder Form von Wissen und Nicht-Wissen – im Namen einer *anderen Aufklärung* (wie Nietzsche so oft sagt), einer anderen Philosophie oder eines *anderen andersdenkenden* Denkens – entzieht. Was *wahr* ist, kann unmöglich gewiß sein. Denn die Gewißheit verdankt sich der Überspringung der Wahrheitskategorie.

**32.** Man erfindet Gewißheiten, um Wahrheiten zu verhindern. Das Subjekt der Gewißheit ist das Subjekt der Tatsachen-Realität. Wahrheit ist, was die Möglichkeit von Gewißheit, das heißt von Selbstberuhigung im Tatsachen-Universum unterbricht. Die Subjekte dieser Unterbrechung sind „Freunde der Einsamkeit", „inkommensurable Subjekte" des Inkommensurablen, „Subjekte ohne Subjekt und ohne Intersubjektivität"[24].

**33.** Man muß von der kritischen Welt die hyperkritische unterscheiden. Das ist die hyperboreische Wahrheits-Welt: die Welt der *wahren Kritik*. Die hyperkritische Welt unterscheidet von der nur kritischen Tatsachen-Welt, daß sie Welt der Liebe, der Bewunderung und des Einverständnisses ist. Eine im Akt der Berührung bejahte Welt der Wahrheit. Das Subjekt dieser Bejahung ist Subjekt einer hyperbolischen Liebe. Es ist Subjekt der Wahrheitsliebe. Es liebt das *Andere*, die anonyme Macht des *Außen*, die seinen Status als Subjekt der Tatsachengewißheit, als *Selbstbewußtsein*, *Person* und *Individuum* übersteigt. Es ist hyperkritisches Subjekt einer hyperbolischen Liebe, die Bewunderung, Bejahung und Einverständnis der *Andersheit* (des *Inkommensurablen*) in sich vereint.

**34.** Die Philosophie, insofern sie ein europäisches Ereignis darstellt – das Ereignis einer über 2500 Jahre andauernden Logos-Kultur –, hat sich von Anfang an mit dem Licht (mit der platonischen Sonne, dem christlichen *lumen*, der *Aufklärung*, den *Lumières* oder dem *Enlightenment*, der Husserlschen Evidenz und der Heideggerschen *Lichtung*) verbunden.[25] Sie hat sich in ihrem Ursprung als Metaphysik des Lichts entzündet: von Heraklits alles steuerndem Blitz, Plato und dem Neuplatonismus Plotins, Proklos' und Prosyphyros', über Augustinus bis zu Robert Grosseteste, Roger Bacon, Bonaventura und Albertus Magnus, um vom ausgehenden Mittelalter aus die ganze Neuzeit, die Metaphysiken der cogitalen Selbsttransparenz, der Suche nach apodiktischer Gewißheit (*certitudo*), der Selbstbegründung oder Selbstgrundlegung in der Evidenz des Selbstbewußtseins, zu dominieren. Als hätte das abendländische

---

24 Jacques Derrida, *Politik der Freundschaft*, a.a.O., S. 77.
25 So sehr Heidegger die Verbindung von Licht und Lichtung gelegentlich bestreitet, bleibt das Denken der Lichtung, der *Wahrheit des Seins* oder des *Ereignis*, mit einem luminösen Vokabular konnotiert.

Subjekt von seiner Morgendämmerung an unter dem Diktat eines Lichts gestanden, das es dazu verurteilt, sich und seine Welt in Begriffen des Offenbaren, der Klarheit, der Sichtbarkeit und der Erschlossenheit, also einer gewissermassen *logischen* Evidenz, zu artikulieren: „Seit 2500 Jahren erscheint alles was ist und wird im Licht des logos: durch den logos und als logos."[26] Und dennoch ist *klar*, dass zum Subjekt des Lichts in allen Phasen seines Erscheinens, mehr oder weniger offensichtlich und mehr oder weniger eingestanden, der Kontakt zu einer Dunkelheit gehört, die das Licht der Evidenz verfinstert. Das Subjekt des Lichts ist als solches von der Drohung einer absoluten Dunkelheit begleitet. Es ahnt oder es spürt die Wirksamkeit dieser Finsternis in allen seinen Regungen und Akten. Es gibt so etwas wie Denken nur im Verhältnis zu einer erspürten Grenze, die die Unmöglichkeit des Denkens anzeigt, die *katastrophé* des Sinns. Vom Nicht-Sinn berührt, muß sich das Denken zu Sinnbehauptungen autorisieren. Erst durch die Berührung des Nicht-Sinns bekommen Freiheit, Vernunft, Verantwortung als Bedingung der Möglichkeit demokratischer, emanzipatorischer, progressiver Selbsterhebung (*autoerectio*) ihren Sinn.
Das Denken des Lichts muß sich als Denken der Finsternis behaupten. Wie das Subjekt der Erfahrung des Anderen, des Unmöglichen, der absoluten Zukunft oder des Ereignis', affirmiert das Subjekt der Lichtbejahung eine originäre Finsternis als Ermöglichungsgrund seiner Erfahrung. Es untersteht als Denken des Möglichen dieser Erfahrung des Unmöglichen. Es entscheidet, wie Derrida unablässig wiederholt hat, in der Nacht des Unentscheidbaren. „Das ‚Unentscheidbare' war für mich nie das Gegenteil der Entscheidung, sondern die Bedingung der Entscheidung, und zwar in allen Fällen, in denen jene sich nicht aus einem Wissen ableiten lässt, wie es eine Rechenmaschine tun würde."[27] Das also scheint die spezifische Allianz von Licht und Dunkelheit, Verborgenheit (*lethe*) und Unverborgenheit (*aletheia*) im dekonstruktiven Denken einer anderen Aufklärung zu sein: Das Subjekt des Lichts, des Wissens, der Entscheidung muß sich als Subjekt einer Offenheit bejahen, die sein Sein auf die Dimension der Verschließung, der Unmöglichkeit, der Unentscheidbarkeit und absoluten Finsternis verlängert.

**35.** Das Subjekt der Philosophie hat sich auf die Nacht der Nicht-Evidenz überschritten. Es überfliegt den Raum der Tatsachen und ihrer transzendental-historischen Determinanten. Schlafend, träumend, fliegend beschleunigt es dem Namenlosen zu.

---

26 Kostas Axelos, *Le jeu du monde*, Paris 1969, S. 103.
27 Jacques Derrida, *Marx & Sons*, Frankfurt a. M. 2004, S. 63.

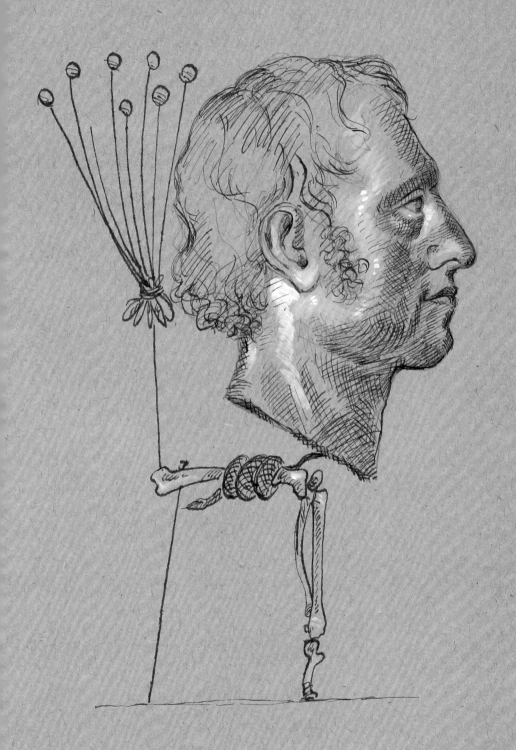

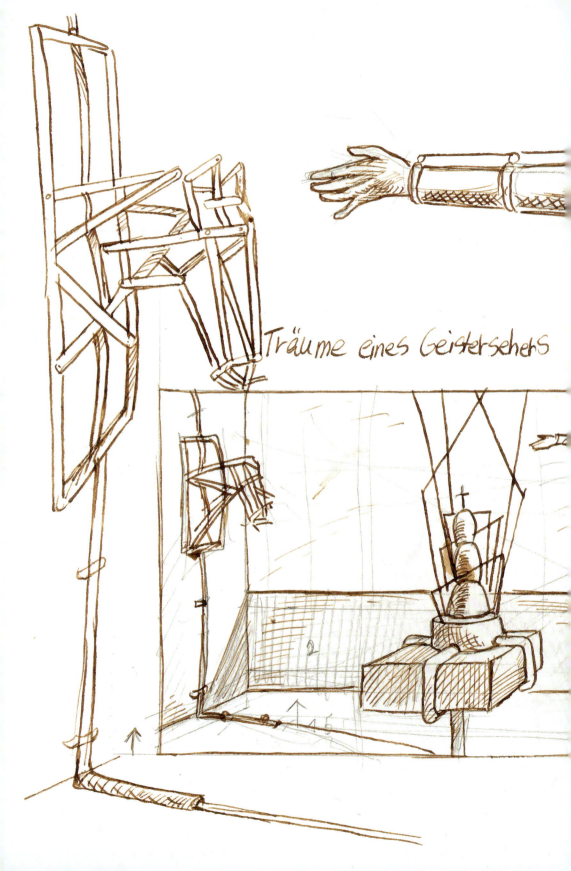

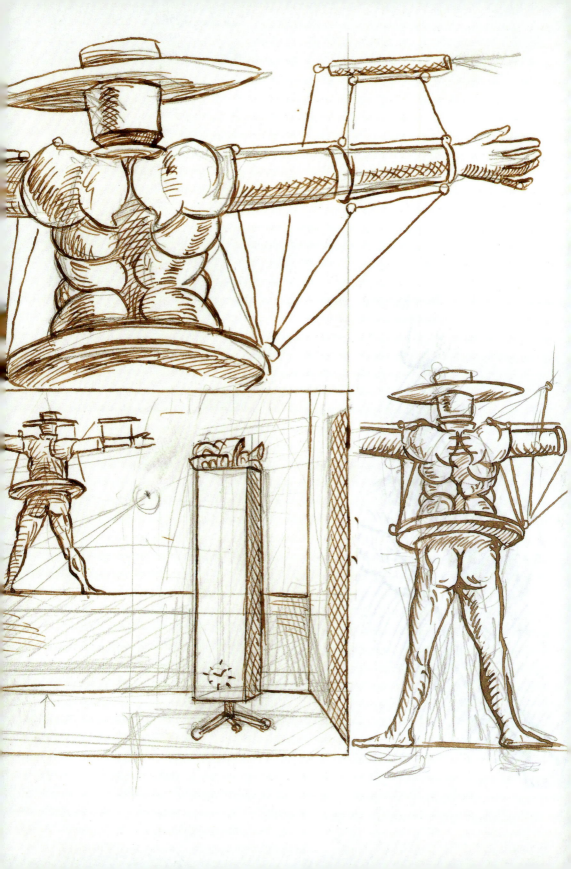

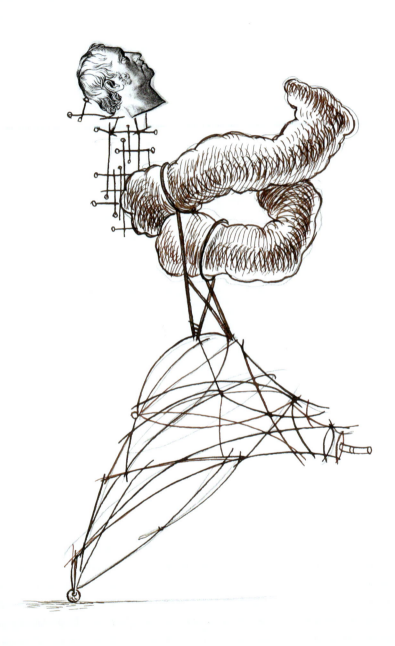

die Aufmerksamkeit

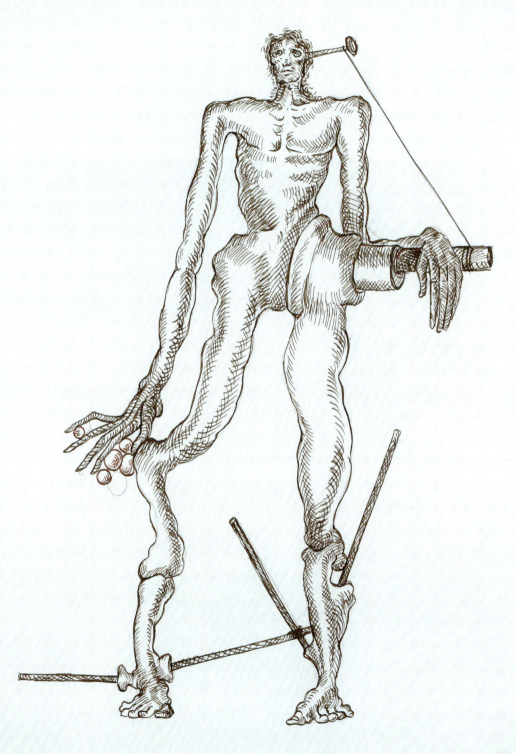

die Sinnliche Gewißheit

die Wahrnehmung

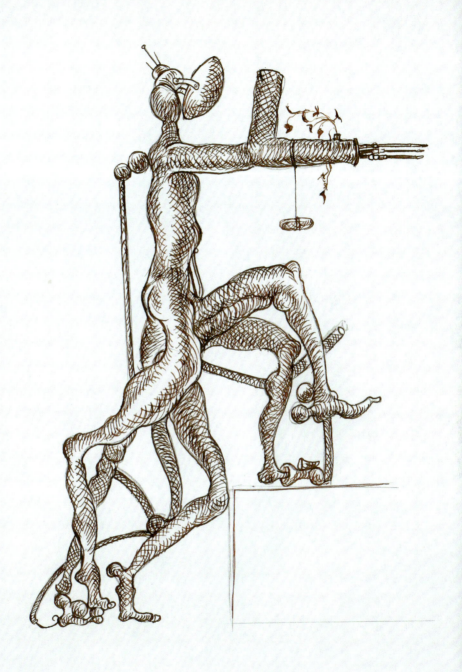

die Erfahrung

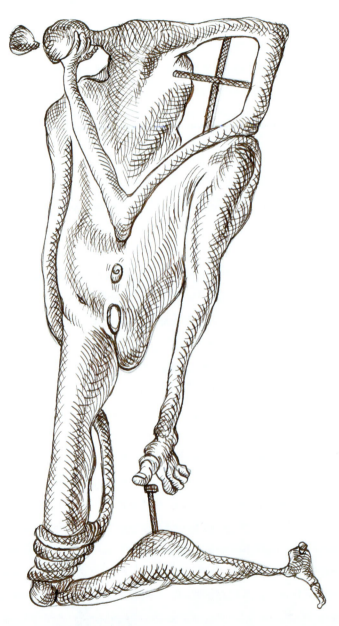

krankhafte Hellseher

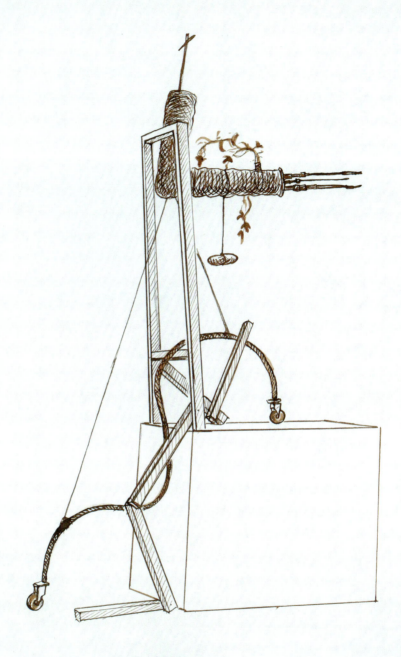

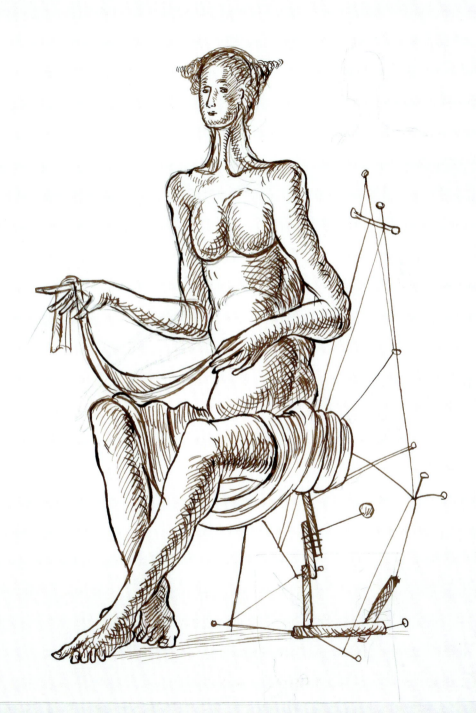

Objekt

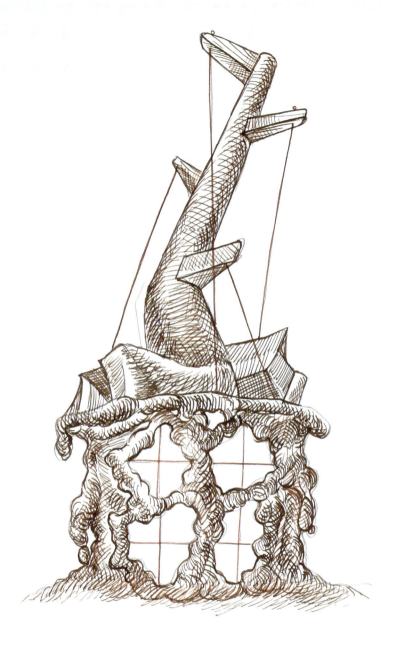

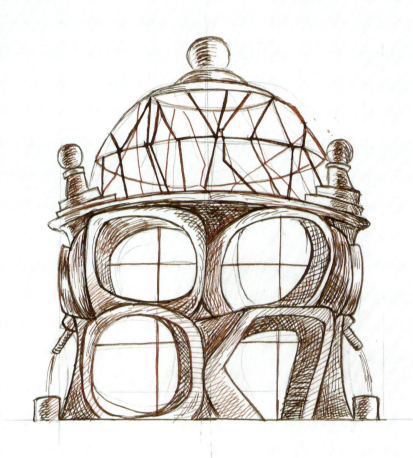

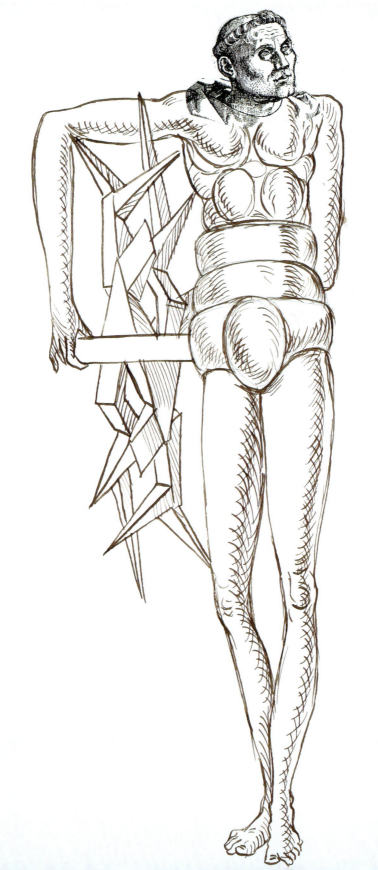

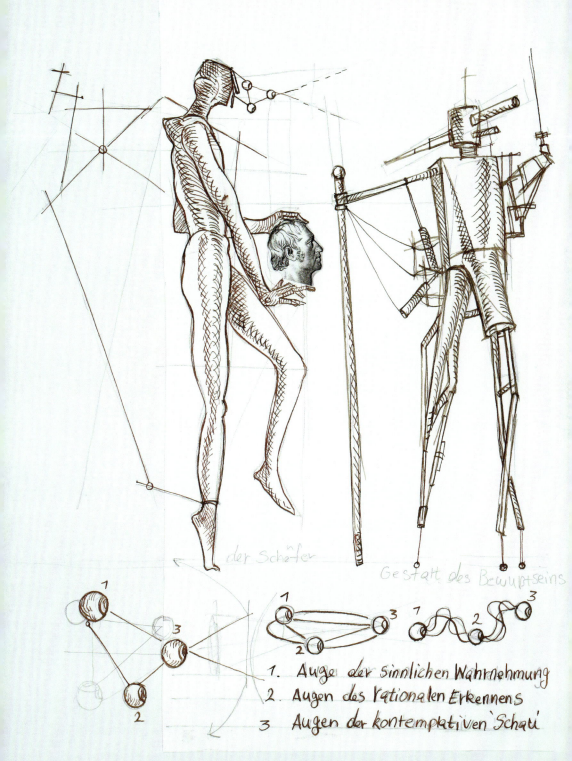

der Schäfer   Gestalt des Bewußtseins

1. Auge der sinnlichen Wahrnehmung
2. Augen des rationalen Erkennens
3. Augen der kontemplativen Schau

der Kontemplation

Gestalt des Bewußtseins

Zwei Schäfern erscheint eine Gestalt des Bewußtseins

Etüden transzendentaler Obdachlosigkeit

**Nader Ahriman**
Etudes of Transcendental Homelessness
Etuden transzendentaler Obdachlosigkeit
**Marcus Steinweg**
Touching the Nameless
Berührung des Namenlosen

Visualization: Axel Heil
Typesetting: Christian Ertel, fluid
Editing: Margrit Brehm
Translation: Michael Eldred, artefact text & translation, Cologne
Printed by: Engelhardt und Bauer, Karlsruhe
Printed in Europe

© 2006 for reproductions resides with the artist, for the text with the author

Edited by: Axel Heil
Published by: Salon Verlag, Cologne, in collaboration with
Galerie Klosterfelde, Berlin, and fluid editions, Karlsruhe / Basel

Die Deutsche Bibliothek verzeichnet diese Publikation
in der Deutschen Nationalbibliografie über http://dnb.ddb.de

ISBN         3-89770-268-1         www.salon-verlag.de
             978-3-89770-268-4     salon-verlag@netcologne.de

Special edition: twenty-six copies bound in Balacron with intaglio,
signed, dated and numbered by the artist.
Each one is accompanied by an original drawing by Nader Ahriman.

Editorial note:
Part one of the book follows the series of drawings entitled
"Etudes of Transcendental Homelessness", 2002-2004
(mixed media and collage on paper, 29.7 x 21 cm or 21 x 29.7 cm, courtesy
Langen Collection, loan at Museum Abteiberg, Mönchengladbach).
The drawings in part three of the book are from the series
"Gestalt des Bewußtseins", 1997-2004 (mixed media and collage on paper,
29.7 x 21 cm or 21 x 29.7 cm, courtesy Galerie Klosterfelde, Berlin).

The artist would like to thank: Susanne Titz, Museum Abteiberg
Mönchengladbach, Galerie Klosterfelde, Axel Heil and Margrit Brehm,
Martina Schäfer, Victor Ede and Harold, the cat.